구원》《타자의 추방》《땅의 예찬》《폭력의 위상학》《고통 없는 사회》《정보의 지배》《관조하는 삶》《서사의 위기》《오늘날 혁명은 왜 불가능한가》《불안사회》 등 첨예한 시선과 독창적 사유, 문학적 문제가 돋보이는 여러 책을 썼다. 그의 책은 세계 수십 개의 언어로 번역 출간되었고 독일과 한국은 물론, 유럽과 라틴아메리카에서 베스트셀러가 되었다. 현존하는 철학자 가운데 한병철은 세계에서 가장 많이 읽히는 철학자다.

옮긴이 최지수

전문 통번역사. 박사학위 후 독어학과 통번역학을 연구하고 있다. 한양대학교와 고려대학교 독어독문학과에서 강의하고 있으며, 출판번역 에이전시 글로하나에서 독일어 번역가로 활동하고 있다. 옮긴 책으로는 《불안사회》《서사의 위기》《나를 살리는 철학》 등이 있다.

생 각　　　　　　음

　　　　의　　　　　　조

생 각　　　　　　　음

　　　의　　　　　　조

　　　　한

　　　　　병　철

La
Tonalidad
del
　　Pensamiento

Byung-Chul
Han

최지수 옮김　　　디플롯

기획자의 말

2023년 4월, 철학자 한병철은 처음으로 포르투갈을 방문해 포르투와 리스본에서 강연을 진행했습니다. 며칠 뒤, 그는 자신이 가장 사랑하는 작곡가인 요한 제바스티안 바흐Johann Sebastian Bach가 살다가 죽은 도시 라이프치히에서도 처음으로 강연을 열었습니다. 이 책은 그 강연들로부터 시작되었습니다.

2023년 4월 23일, 라이프치히의 게반트하우스 콘서트홀에서는 피아니스트 샤론 프루샨스키Sharon Prushansky가 한병철의 강연에 맞춰 바흐와 슈만Robert Alexander Schumann의 곡을 연주하였습니다. 이날 한병철은 '생각의 음조'라는 제목의 강연을 통해 자신의 사유에서 음악이 갖는 의미를 이야기했습니다. 그에게 음악은 단순히 배경으로 존재하는 것이 아니라, 생각에 날개를 달아주는 동시에, 그 안에 깊이 깃들어 있는 존재입니다. 이 음악적 고백은 그의 철학을 관통하는 음조와 주제로, 즉 대지의 고양, 형이상학적 갈망, 진정한 생물학으로서의 신학으로 발화됩니다. 바흐의 〈골드베르크 변주곡 Goldberg Variations〉〈프랑스 모음곡French Suites〉, 슈만의 〈어린이 정경Kinderszenen〉 등 항상 그가 함께하는 음악을 경유하며 한병철 사유의 음조가 드러납니다. 지금까지 자신이 펴낸 책들은 반복이 아니라 변주곡, 즉 위대한 개념을 중심으로 펼쳐지는 음표라고 한병철은 말합니다.

2023년 4월 11일, 포르투에서 한병철은 '에로스'를 주제로 강연했습니다. 이 강연에서 한병철은 신체적, 인격적 접촉이 점점 사라져 타자가 소멸된 사회를 이야기하며 사랑의 의미를 묻습니다. 오늘날 우리가 실제 만지고 접촉하는 거의 모든 것은, 심지어 치과에서 통증으로부터 우리를 보호하는 것은 스마트폰이라고 그는 말합니다. 그리고 2023년 4월 13일, 포르투갈가톨릭대학교 인문과학대학 50주년 기념 강연에서 한병철은 '희망의 정신'이라는 제목으로 강연했습니다. 그에 의하면, 희망은 "우리를 우울과 지친 미래로부터 자유롭게 해주는 도약이자 열정"이며, 이 미덕의 초월성에 대해 성찰하는 것입니다. .
희망은 '영혼의 차원'이 되어, 즉 마음과 정신의 이정표
가 되어 우리에게 올바른 길을 알려줍니다.

한병철은 자신의 대중 강연이 인터넷 플랫폼에 게재되
는 것에 대해 줄곧 반대해왔습니다. 이에 따라 우리는 최
근 열린 일련의 강연을, 즉 텍스트, 사진, 영상을 책의 형
식으로 담아내는 특별한 프로젝트에 착수했습니다. 《생
각의 유조》는 앞으로 선보일 '한병철 콘퍼런스 트릴로지'
의 첫 책으로 한병철 사유의 정수를 담고 있습니다. 우
리 시대의 가장 뜨거운 철학자 한병철과의 만남에 여러
분을 초대합니다.

2024년 3월, 바르셀로나

Paidós, an imprint of Editorial Planeta

생각의 음조, 라이프치히

에로스의 종말, 포르투

희망의 정신, 리스본

차례

일러두기

◇ 번역 저본으로 저자가 직접 집필한 독일어 원고를 사용했으며
  스페인어 출간본을 참조했습니다.

◇ 원문에서 이탤릭으로 강조한 것은 굵은 글씨로 표기했습니다.

◇ 인용문은 모두 옮긴이가 번역한 것입니다.

◇ 주석은 모두 옮긴이와 편집자 주입니다.
  주석번호는 +**로 표기했습니다.

◇ 단행본은 《 》로, 시·음악·미술·사진·영화 등은 〈 〉로
  표기했습니다.

◇ 이 책의 기초가 된 강연은 182쪽에 있는 QR코드를 통해
  시청할 수 있습니다.

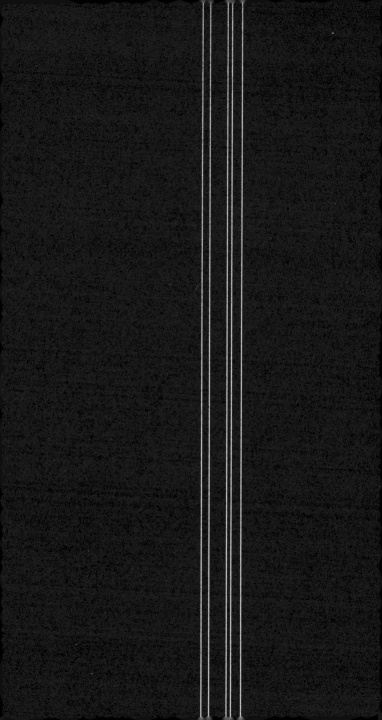

1

생 각 각
의

음
조

라이프치히,
2023년 4월 23일

〈골드베르크 변주곡〉 BWV$^+$ 988, 아리아*

여러분 안녕하십니까, 반갑습니다.

저에게는 두 개의 날개Flügel가 있습니다. 이 말은 여러 가지로 해석될 수 있습니다. 오늘 저녁은 특별히 스페인 독자들이 와 계시니, '날개'에 해당하는 독일어 '플뤼겔 Flügel'의 뜻을 먼저 설명드려야 할 것 같습니다. 먼저, 독일어의 '플뤼겔'은 스페인어의 '알라ala'와 같습니다. 예

$^+$ 바흐의 작품 번호로 'Bach Werke Verzeichnis'의 약자다.
* 이 강연(1부)은 피아노 연주와 함께 진행되었고 당시 연주된 곡을 표기한 것이다. 독자들도 이 곡들을 들으며 이 책을 읽으면 큰 영감을 얻을 것이다.

문으로는 '알라스 데 마리포사alas de mariposa', 즉 '나비의 날개'에 쓰이는 '날개'지요. 이미 아시는 분도 있겠지만 독일어의 '날개'는 스페인어의 '피아노 데 콜라piano de cola', 즉 '그랜드피아노'라는 뜻으로 쓰이기도 합니다. '날개'라니, 스페인어로 표현한 것보다 어쩌면 조금 예쁘게 들립니다. 왜냐하면 스페인어 '피아노 데 콜라'는 독일어로 번역하면 '클라비어 미트 슈반츠Klavier mit Schwanz', 즉 '꼬리 달린 피아노'가 됩니다. 게다가 '콜라cola'는 '꼬리'라는 뜻만 있는 게 아니라 '길게 휘날리는 끝단' 또는 '후미'라는 뜻도 가지고 있습니다. 속된 말로 '엉덩이 달린 피아노'라고도 할 수 있겠습니다. 프랑스어로 말씀드리면, '퍄노 아 쾨piano á queue'입니다. '쾨queue' 역시 '꼬리'라는 뜻입니다. 예컨대 '쾨 드 뵈프queue de boeuf'는 '황소 꼬리'입니다. 이탈리아어로는 '피아노포르테 아 코다pianoforte a coda'입니다. '코다coda' 역시 '꼬리' 또는 '길게 휘날리는 끝단'이라는 뜻이 있습니다.

독일어에서 '플뤼겔'의 두 번째 뜻은 말씀드렸듯이 '그랜드피아노'입니다. 영어에서는 아름다운 날개가 달린 듯한 형상 대신, 그것의 크기를 따서 그랜드피아노라고 부릅니다. 저는 영어에는 애정이 잘 가지 않습니다. 감히

주장하자면 영어는 그 본질 자체가 경제성에 있는 언어입니다. 모든 것이 경제성으로 향하는 세상에서 사람들은 모두 영어를 할 줄 알지요. 이제 여러분은 제가 왜 그렇게 독일어를 사랑하는지 알아차리셨을 겁니다. 독일어는 경제적인 언어가 아니라 철저히 시적인 언어입니다. 독일어는, 테오도르 아도르노Theodor Adorno가 말했듯, 철학과 자연스럽게 닮아 있는 언어일 수밖에 없습니다. 독일 사람들은 이 점을 대놓고 자랑하지는 않지만 독일어에 자부심을 가지고 있으며 독일어를 말하거나 배우고자 하는 외국인에게 친절합니다.

이제 저에게 날개가 있다고 말씀드리면 스페인 독자 여러분은 독일어 '날개'에 해당하는 두 가지 뜻을 같이 떠올리실 수 있을 겁니다. 그런데 저는 그랜드피아노를 가지고 있다는 뜻에서만 이 단어를 쓰려는 것이 아닙니다. 두 개의 날개, 즉 두 대의 그랜드피아노dos pianos de cola는 저에게 실제로 날 수 있게 하는 날개도 달아주기 때문입니다. 저는 이 날개를 달고 날아오르는 느낌을 받습니다. 이 두 날개, 즉 두 대의 그랜드피아노와 그 음악이 가져다주는 상상의 비행을 사랑합니다. 하이데거Martin Heidegger도 사유하는 행위를 두 날개가 펄럭이는 사변

적 비행이라고 비유한 적 있습니다. 하이데거는 그의 아내에게 쓴 서신에서 이렇게 말했습니다. "나는 그것을 '에로스*éros*'라고 부르리오. 파르메니데스*Parmenides*가 말하기를 에로스는 가장 오랜 신이라고 하오. 내가 사유 중에 본질적으로 한 걸음을 새로이 내딛어 미지의 영역에 도달할 때마다 에로스 신의 날갯짓이 나를 스친다오."[+] 에로스의 날개와 날갯짓 없이 사유하기란 불가능합니다. 사유하는 사람은 에로스의 날개를 통해 미지의 영역, 아직 태어나지 않은 것, 앞으로 도래할 것, 즉 새로운 것을 향하여 날아오르기 때문입니다.

어느 날 베를린 프렌츠라우어베르크로 가던 길이었습니다. 한 조그마한 피아노 가게를 지나던 중 창문을 통해 오래되었지만 아름다운 그랜드피아노 한 대를 보았습니다. 저는 가게로 들어갔습니다. 피아노를 배워보자는 마음에 그 자리에서 그랜드피아노를 구매했습니다. 레슨 한 번 받은 적 없으면서 저는 곧바로 〈골드베르크 변주곡〉의 아리아를 연주해보려 했습니다. 평소 이 아리

[+]   Martin Heidegge, *Mein liebes Seelchen!*(Deutsche Verlags-Anstalt, 2005).

아를 너무 좋아했던 나머지 듣는 것만으로는 만족할 수 없었기 때문입니다. 직접 연주해보고 싶었습니다. 제대로 연주하기까지 2년간의 연습이 필요했고 몇몇 악장은 한 악장에 몇 달씩 걸리기도 했으며 끝없는 반복의 연속이었습니다. 그 덕에 저는 요즘 시대 사라진 덕목이라고들 하는 한없는 인내를 연마했지요. 그야말로 종교적인 수련과도 같았습니다. 2년이라는 연습 기간은, 어쩌면 첫 피아노 배우기를 하필 〈골드베르크 변주곡〉으로 시도한 사람에게는 턱없이 짧은 시간이었는지도 모르겠습니다. 저는 첫 독일어도 헤겔Georg Wilhelm Friedrich Hegel의 《정신현상학》과 하이데거의 《존재와 시간》으로 배웠습니다. 그래서 제 독일어가 조금 독특합니다. 슈바벤 사투리*가 있는 것 같지요. 전 사투리를 좋아합니다. 저는 제 독일어가 매우 어렵게 습득한 천사의 방언이라고 생각합니다.

저는 〈골드베르크 변주곡〉의 아리아를 닥치는 대로 외우며 연습했습니다. 프랑스어로도 '암기 학습'을 의미하는

---

*   독일 남부 지역 사투리로, 헤겔이 이 사투리를 구사한 것으로 전해진다.

'아프랑티사주 파르 쾨르apprentissage par cœur'라는 표현이 있습니다. 〈골드베르크 변주곡〉의 아리아는 제 영혼의 음악이 되었습니다. 언제나 이 아리아를 연주하는 것으로 하루를 열었습니다. 일종의 하루를 여는 의식 내지는 아침 기도와도 같았지요. 하지만 아리아 연주로 하루를 닫는 것은 제가 사는 곳에서는 할 수 없었습니다. 한동안은 그럼에도 불구하고 연주를 계속했습니다. 새벽 2시나 3시쯤 멜랑콜리한 파토스와 로맨틱한 열정으로 연주했지요. 하지만 주위에서 거센 항의가 들어와 결국 밤의 아리아 연주는 포기하고 사과하는 것으로 마무리하게 되었습니다.

그랜드피아노는 저에게 기도용 염주가 되었습니다. 저희 집엔 유겐트 양식⁺으로 만들어진 책상이 하나 있습니다. 책상 아래에는 얇은 녹색 카펫을 하나 깔아두었는데, 저는 그걸 '글쓰기 초원'이라는 아주 멋진 표현으로 부릅니다. 저는 항상 뭔가를 골똘히 생각하며 그 초원을 거닙니다. 매일 녹색 글쓰기 초원과 검은색 광 나는 기도용 염주 사이를 오갑니다. 그게 저의 사유가 작동하는

에로스의 날개와 날갯짓 없이
사유하기란 불가능합니다.
사유하는 사람은 에로스의 날개를 통해
미지의 영역, 아직 태어나지 않은 것,
앞으로 도래할 것, 즉 새로운 것을 향하여
날아오르기 때문입니다.

방식입니다. 저는 음악을 매개로 생각하고 글을 씁니다. 독일어 '날개'가 지닌 두 가지 뜻을 고려한다면, 그랜드피아노는 제가 생각을 펼쳐 나가는 데 큰 도움을 주는 셈입니다.

모든 아름다움은 모순입니다. 모순 없이는 아름다움도 없습니다. 저는 모순적인 아름다움을 추구합니다. 진실은 이러한 아름다움 안에서 비로소 완성되기 때문입니다. 제 생각의 음조 역시 이러한 모순입니다. 저는 제 생각의 음조를 '어두운 빛' 또는 '어두운 영롱함' '밝은 슬픔'과 같은 역설적 표현으로 부릅니다.

어떤 이들은 제가 너무 많이 반복한다고 합니다. 그들은 제 책들이 반복보다는 변주곡에 가깝다는 점은 모르고 있는 것 같습니다. 저는 책을 쓰면서 동시에 하나의 큰 융단을 짭니다. 그 융단은 시간이 지남에 따라 더욱 밀도가 높아지고 색감이 깊어질 것입니다. 짜임의 패턴은 동일하지만 말입니다. 동일한 패턴은 서로 다른 패턴이 뒤섞인 것보다 아름다워 보입니다. 이론은 항상 동일한 것을 전제하고 거기에 변주를 허용합니다. '같은 것'과 '동일성을 전제한 것' 사이를 구분하는 것도 필요합니다. '같은 것'은 변주가 불가능합니다. 거기에는 폭과 '먼 것'이 빠져 있습니다.

제 책들은 〈골드베르크 변주곡〉을 닮아 있습니다. 〈골드베르크 변주곡〉에서 멜로디는 변하지 않습니다. 그리고 변주곡은 32개의 베이스 노트로 되어 있습니다. 제 책들도 이 곡처럼 '밑-음音'을 갖춘 베이스라인을 따라갑니다. 책에서는 '밑-개념'이라고 할 수 있겠네요. 만일 제가 2010년[+]에 출간한 《피로사회》를 전체 곡의 아리아로 삼는다고 한다면, 거기에 30개의 변주용 에세이를 더 쓸 것입니다. 〈골드베르크 변주곡〉에서 아리아는 초반에 밑-음 베이스를 제공하고 마지막에 다 카포da capo[*]로 작품을 마무리합니다. 오늘 강연도 〈골드베르크 변주곡〉으로 마무리할 예정입니다. 그러니 오늘의 주인공은 저 한병철이 아니라 〈골드베르크 변주곡〉의 아리아가 되겠습니다.

제가 열일곱 아니면 열여덟 살 때였을까요. 바이올린 독

[+]   한국에는 2012년에 출간되었다.
[*]   '처음으로 돌아가서 다시 연주하라'는 뜻이다.

주로 연주된 바흐의 〈샤콘느Chaconne〉를 처음 들었습니다. 그때 무의식중에 나의 정신의 고향을 독일과 독일어로 삼으리라는 결심을 한 것 같습니다. 어쩌면 저는 전생에 독일인이었는지 모릅니다. 그랬다면 아마 제가 존경하고 사랑하는 시인 횔덜린Friedrich Hölderlin의 이웃이었겠지요. 아무튼 저는 〈샤콘느〉에 매우 깊은 감명을 받았습니다. 곧바로 연습용 바이올린 하나를 사서 〈샤콘느〉를 직접 연주해보려 했습니다. 물론 될 리가 없었지요. 누가 처음부터 〈샤콘느〉로 바이올린을 배우겠습니까. 그래도 저는 시도했습니다. 그때부터 20년이 넘도록 바이올린을 켜고 있습니다. 하지만 아직도 〈샤콘느〉를 완전히 숙달했다고 말하진 못합니다. 〈파르티타Partita〉 제2번 d단조 BWV 1004의 첫 악장인 〈알라망드Allemande〉의 경우에는 거의 수천 번쯤 연주한 것 같습니다. 이 곡은 독일의 프라이부르크, 브라이스가우, 뮌헨에서 보낸 제 학창시절에 또 하나의 기도곡이 되어주었습니다.

저의 두 번째 음악적 열정은 가곡을 향했습니다. 슈만의 〈시인의 사랑Dichterliebe〉과 슈베르트Franz Peter Schubert의 〈겨울 나그네Winterreise〉를 수백 번씩, 악보가 너덜너덜해질 때까지 불렀습니다. 이 두 연가곡은 제 사유 안으로 깊이 스며들어 그 안에 둥지를 틀었습니다. 저의 생각에 혼을 불어넣었을 뿐 아니라 아예 터를 잡고 살았습니다. 슈만이 그의 사랑하는 연인 클라라와 라이프치히의 인셀슈트라세 18번가에서 지내면서 〈시인의 사랑〉을 작곡했다는 건 많이들 아실 겁니다. 〈아름다운 5월에 Im Wunderschönen Monat Mai〉의 첫 멜로디, 그리고 마지막 노래에서 마법을 거는 듯한 후주後奏는 거의 제 사유의 밑-멜로디, 밑-개념을 만들어주었습니다. 제 사유는 말하자면 〈시인의 사랑〉의 안단테 에스프레시보(느리게, 풍부하게, 감정적으로)로 표현되는 '밝은 슬픔'으로 가득 차 있습니다.

〈시인의 사랑〉, 안단테 에스프레시보

제 사유는 독일 낭만주의에 뿌리를 두고 있습니다. 과일에 비유하자면 껍질과 과육은 매우 낭만주의적입니다. 하지만 씨앗은 어떨까요? 씨앗은 동양적입니다. 매우 이국적인 과일이지요. 저는 2022년[+]에 출간한 《관조하는 삶》의 마지막 장을 노발리스Novalis 탄생 250주년을 맞아 그에게 헌사하였습니다. 횔덜린은 제 영혼의 일부입니다. 그의 찬미 시, 특히 저에게 각성제와도 같은, 그가 정신착란에 빠졌다고 추정되는 시기에 집필한 사계절에 관한 후기 시들은 제 사유에 매우 깊은 영감을 불어넣었습니다. 횔덜린의 후기 시는 신성한 초월에 대해 말하고 있습니다. 창조의 세계가 신성하고 아름답다는 점을 표현하는 시입니다.

독일어의 '날개'가 스페인어로 그랜드피아노에 해당하는 '피아노 데 콜라'라고 말씀드렸지요. 제 피아노는 블뤼트너 사가 만든 피아노입니다. 저는 이 피아노에서 만들어지는 따뜻하면서도 노래하는 듯한 소리를 사랑합니다. 블뤼트너 피아노는 라이프치히에서 제작됩니다. 그랜드피아노의 리드를 열어젖히면 금빛 글자로 된 '블뤼트너 라이프치히Blüthner Leipzig'라는 문구가 눈에 들어오지요. 바흐의 〈골드베르크 변주곡〉, 슈만의 〈시인의 사랑〉, 그리고 '블뤼트너'까지. 이제 왜 제가 지금 살고 있는 베를린이 아닌 라이프치히에서 첫 강독회를 열었는지 아시겠지요. 블뤼트너라는 이름도 너무나 마음에 듭니다. 저

+   한국에는 2024년에 출간되었다.

는 꽃에 둘러싸여 생각하고 쓰기 때문입니다.[*] 요즘은 장미와 작약에 둘러싸여 있습니다. 강연을 하고 있는 지금 이곳, 제 책상에도 여섯 시간 전부터 꽃병이 올려져 있었습니다. 이 장미도 책상 위에 올려져 있었고요. 저는 꽃들로부터 보호받는 느낌을 받습니다. 꽃 없이 생각하기란 불가능합니다. 최근에 작약이 피기 시작했지요. 사유하기에 더없이 좋은 환경입니다.

저는 꽃향기가 가득한 제 방을 잘 떠나지 않습니다. 여행도 별로 다니지 않습니다. 오늘처럼 이렇게 외유하는 건 정말 드문 일이지요. 저를 보호해주는, 꽃으로 둘러싸인 저만의 공간을 벗어난 셈입니다. 꽃들이 저와 동행했기 때문에 그나마 가능한 일이었습니다. 나무와 꽃들은 저처럼 여행을 하지 않습니다. 저는 제가 기꺼이 식물이 되어도 좋다고 생각했습니다. 될 수 있다면 작약이 되면 제일 좋겠네요. 나중에 안 사실인데, 드뷔시Claude Debussy도 저처럼 꽃에 둘러싸인 방을 가지고 있었다더군요. 드뷔시도 꽃들 사이에서 작곡을 했다는데요. 여름에만 그

---

[*]   독일어의 '꽃이 피다'는 '블뤼헨blühen'으로 '블뤼트너'와 발음이 비슷하다.

런 게 아니라 겨울에도 그랬다고 합니다. 그래서인지 그의 음악에서는 말 그대로 꽃향기가 납니다. 저도 제 사유에서 꽃향기가 나도록 부단히 노력합니다.

제 두 번째 이름이 뭔지 알려드리겠습니다. 겨울바람꽃 Winterling입니다. 겨울이 채 가시지 않은 이른 봄에 벌과 나비를 날아들게 하는 꽃입니다. 저는 바람꽃을 라틴어로 번역한 '에란티스 히에말리스Eranthis hyemalis'라는 이름으로 제 자신을 부르곤 합니다. 겨울바람꽃은 나비를 기다리다가 스페인어 '알라스 데 마리포사'에 해당하는 '나비의 날개'에 실려 이리저리 운반됩니다. '나비'가 스페인어로 '마리포사'라고 하는데, 참 아름다운 단어입니다.

저의 책 중에는 정원을 돌보며 경험한 것들을 바탕으로 쓴《땅의 예찬》이 있습니다. 2018년에 출간한 상당히 개인적인 책입니다. 이 책에서 저는 횔덜린의《휘페리온》을 자주 인용했습니다.

> 노란 배와
> 야생 장미가 가득한,
> 호수로 이어진 땅,

너희 사랑스러운 백조들은,

입맞춤에 취한 채

성스럽고 정갈한 물속에

머리를 담그고 있구나

슬프구나, 아, 어디서 나는

겨울이면 꽃을 얻고, 어디서

햇빛을 얻고, 어디서

땅의 그림자를 얻으리오?

벽들은

말없이 차갑게 서 있고, 바람 사이에서는

깃발들이 나부낀다[+]

독일의 시인 베르톨트 브레히트Bertolt Brecht가 그리는 이상적인 정원에는 아쉽게도 추운 겨울에 피는 꽃은 없습니다. 3월부터 10월까지만 꽃을 피우는 정원이었기 때문입니다. 브레히트는 그런 정원에 관해 이렇게 썼습니다.

[+]   Friedrich Hölderlin, *Hyperion*(1797).《휘페리온》(을유문화사, 2008).

호숫가, 전나무와 은빛 백양나무 사이 깊은 곳에
담과 덤불로 에워싸인 정원에는
달마다 꽃이 피도록 지혜롭게 심어진 덕에
3월부터 10월까지 골고루 꽃이 핀다[+]

저는 정원사의 지혜가 부족하여 1월부터 12월까지 내내, 특히 그중에서도 겨울에 항상 꽃이 피어 있는 정원을 만들려고 했습니다. 아무래도 저는 정원사의 지혜보다는 형이상학과 형이상학적 열망에 더 끌리는 것 같습니다.

롤랑 바르트Roland Barthes의 《밝은 방》도 그러한 형이상학적 열망으로 가득합니다. 저는 이 책을 너무 열심히 읽는 바람에 책장이 떨어져 나갔습니다. 나중에는 편지 봉투에 넣어 가지고 다녔습니다. 마치 연애편지처럼요. 《밝은 방》은 슬픈 책입니다. 돌아가신 어머니를 계속해서 환기시키기 때문입니다. 책의 기초가 된 사진이 하나 있는데, 롤랑 바르트는 그 사진을 끊임없이 언급하고 끌어안고 열렬히 사모하지만, 정작 책에는 그 사진이 실려 있지

[+]   Bertolt Brecht, *Poemas del lugar y la circunstancia*(2003).
        《꽃을 피우는 사과나무에 대한 감격》(아티초크, 2023).

않습니다. **사진은 부재함으로써 더욱 빛났습니다.** 사진 속 그의 어머니는 다섯 살짜리 소녀였고 다섯 살 어머니는 **겨울 정원**에 서 있었습니다. 롤랑 바르트를 인용해보겠습니다.

> 겨울 정원의 뒤쪽에 나의 어머니가 서 있다. 얼굴은 흐릿하며 희미하다. 감정이 북받쳐 올랐다. "어머니다! 어머니야! 어머니를 찾았다!"[*]

롤랑 바르트는 사진의 두 요소를 분리했습니다. **스투디움**studium과 **푼크툼**punctum입니다. **스투디움**은 사진을 본 사람이 거기서 읽어낼 수 있는 정보에 관한 것을 말합니다. 그래서 사진을 연구studieren할 수 있는 것입니다. 반면에 **푼크툼**은 정보를 전달하지 않습니다. 말 그대로 '찔린 것Gestochene'입니다. **푼크툼**은 '찌르다'라는 뜻의 라틴어 단어 '푼게레pungere'에서 유래한 말입니다. 관객은 사진을 보고 충격을 받는 것입니다.

---

[*]   Roland Barthes, *La Chambre claire*(Midwest European Pub, 1980).《밝은 방》(동문선, 2006, 절판).

저에게 있어 《밝은 방》의 **푼크툼**은 겨울 정원에 서 있는 어머니의 부재한 사진과 같습니다. 저는 겨울 정원의 두 측면을 동시에 봅니다. 겨울 정원은 죽음뿐 아니라 죽음에 이은 소생의 상징적인 장소이자, 형이상학적 애도 작업이 이루어지는 장소입니다. 《밝은 방》은 꽃으로 가득한 정원이며 겨울의 어둠 속에 있는 **밝은 빛**입니다. 죽음 가운데 있는 생명이며 다시 생장하는 삶의 축제입니다. 형이상학적 빛은 **어두운 방**chambre noir을 **밝은 방**chambre claire, **밝은 겨울 정원**으로, 겨울꽃을 가득 피우는 정원으로 만들어줍니다.

롤랑 바르트는 낭만주의 가곡을 좋아했습니다. 노래 수업도 들었다고 합니다. 그의 노래 선생님은 〈시인의 사랑〉을 가장 아름답게 노래한 멋진 성악가 샤를 팡제라 Charles Panzera였습니다. 롤랑 바르트가 직접 부르는 〈시인의 사랑〉을 들을 수 있었더라면 참 좋았을 텐데요. 종종 저는 롤랑 바르트가 노래하다가 글을 쓰거나 글을 쓰다가 노래하지 않았을까 합니다. 《밝은 방》은 48개의 곡 또는 장으로 구성된 낭만주의 연가곡과 닮아 있기 때문입니다.

《밝은 방》을 읽으면 마치 슈베르트의 〈겨울 나그네〉를 듣는 느낌입니다. 롤랑 바르트는 사랑하는 어머니를, 아니 유일하게 사랑했다고 할 수 있는 어머니를 찾아 '죽은 자들의 세계'로 떠납니다. 그는 어머니에 관한 **진실**을 찾아 끝없는 여정을 떠납니다. 롤랑 바르트의 말을 인용하겠습니다.

> 시간을 거슬러 올라감으로써 비로소 이 사진을 발견했다는 사실을 생각하지 않을 수 없다. 그리스인들은 죽은 자들의 세계에 거꾸로 거슬러 들어갔다. 그들 앞에 있던 것은 그들의 과거였다. 이렇게 나는 한 명의 인생을 관통하였다. 나의 인생이 아니라 내가 사랑했던 한 사람의 인생을.[+]

롤랑 바르트에 따르면, 겨울 정원의 사진은 '마치 슈만이 정신착란에 빠지기 전 마지막으로 쓴 곡과도 같으며, 어머니의 존재와 그녀의 죽음으로 인한 나의 슬픔이 하나로 합쳐지는 첫 번째 아침의 노래'였습니다. 〈아침의 노래Gesänge der Frühe〉는 다섯 개의 짧은 피아노곡으로 되

[+]   롤랑 바르트, 같은 책.

어 있는 연가곡입니다. 슈만은 자살 기도 3일 전, 이 곡을 '아침이 다가오고 밝아질 때의 감각을 묘사한 곡 모음'이라고 말했습니다. 클라라 슈만Clara Schumann[+]은 처음에 이 곡을 보고 당황했다고 합니다. 그녀는 이렇게 말했습니다. "역시 매우 독창적인 곡이긴 하지만 이해하기 어렵고 독특한 분위기를 풍긴다." 바로 이 분위기가 저의 생각의 음조와 일치합니다.

〈아침의 노래〉는 다시 깨어나 소생하는 삶에 대한 강렬한 갈망을 담은 노래입니다. 슬픔의 노래입니다. 깊은 애수와 밝은 슬픔을 느낄 수 있습니다. 먼저, 비밀로 가득한 아우라가 첫 번째 곡을 휘감습니다. 그 후에 두 번째 악장에서 극심한 애수가 섬망으로, 착란적인 빛으로, 신성한 초월성으로 빠져나갑니다. 그리고 나서 머뭇거리는 빛줄기가 어둠을 뚫고 나옵니다. 그 아침은 일시적인 시간, 삶과 죽음의 시간이 아닌, 일상의 시간에 앞서 존재하는 선先-시간Vor-Zeit입니다. 이는 오늘날 소비의 광란, 정보의 광란 속에서 우리가 잊고 사는 초월의 시간입니다. 아침은 세상을 신성한 현실로 변화시킵니다. 아침의

[+]   슈만의 아내로 피아니스트이자 작곡가.

노래는 제 생각의 장소인, 꽃 피우는 겨울 정원에 대한 저의 환상을 북돋아주었습니다.

〈아침의 노래〉 1, 2

정원 일을 하기 시작한 이래로 저를 둘러싼 독특한 느낌, 그 전에는 느껴본 적 없는 느낌, 신체적으로 강하게 체험하는 느낌을 받습니다. 그건 아마 **땅이 주는 느낌**일 것입니다. 이 느낌은 저를 행복하게 만듭니다. 땅은 신성하고 아름답습니다. 어쩌면 땅은 오늘날 점점 더 우리에게서 멀어지고 있는 '행복'과 같은 존재인지도 모릅니다. **땅으로 돌아간다**는 것은 곧 **행복으로 돌아간다**는 뜻일지도 모릅니다. 특히 전 세계 디지털화와 정보화의 여파로 우리는 오늘날 땅의 질서, 지구의 질서를 벗어나고 있습니다. 우리는 더 이상 땅이 주는, 생명을 불어넣고 행복해지게 하는 대지의 힘을 인식하지 못합니다. 정원에서 저는 무엇보다 깊은 평화, 깊은 구원의 힘, 초월성, 숭고함을 느낍니다. 정원은 저를 다시 매우 종교적인 사람으로 만들었습니다. 진정한 생물학이란 결국 신학입니다. 저는 신

17:07:22

17:07:27

17:09:16

18:01:45

이 인간의 무자비한 폭력을 조금이라도 줄이려고 꽃을 내려주셨다고 생각합니다.

인간이 자행하는 잔인한 폭력과 식물이 주는 평화의 힘 간의 대조가 잘 표현된 글이 있습니다. 로자 룩셈부르크 Rosa Luxemburg가 쓴, 일명 〈물소 서신Büffelbrief〉입니다. 가슴 아픈 이 편지를 읽어보겠습니다. 로자 룩셈부르크 가 감옥에서 소피 리브크네히트Sophie Liebknecht에게 쓴 편지입니다.

그대는 슈테글리츠 공원에서 검정과 장밋빛 보라색 으로 된 열매가 달린 아름다운 꽃다발을 만들었겠 군요. 검은 열매에는 엘더베리가 좋겠네요. 그 열매 는 거대한 깃털 모양의 이파리 사이에 무겁고 빽빽 하게 달려 있지요. 그대도 알고는 있겠지만요. 엘더 베리가 아니라면 리구스터도 좋겠군요. 가늘고 섬세 하고 똑바로 나는 원추형 열매에 좁고 긴 녹색 이파 리에 있으니까요. 그런데 작은 이파리 아래에 숨겨 져 있는 장밋빛 보라색 열매는 코토네아스터+일 수

+ 섬개야광나무속屬으로 매우 작고 빨간 열매.

있어요. 원래는 빨갛지만 요즘 같은 늦은 계절에는 약간 과숙하고 물러서 종종 보랏빛을 띨 수 있고 이 파리는 은매화와 비슷해 보일 수 있거든요. 작고 끝이 뾰족하고, 위쪽은 짙은 녹색으로 가죽처럼 질기고 아래쪽은 거칠어 보일 겁니다.

… 오 소니트쉬카,* 나는 여기서 가슴 아픈 경험을 했어요. 내가 산책하는 마당에는 군용 마차가 자주 오는데, 종종 피가 묻은 낡은 군복과 셔츠를 잔뜩 싣고 옵니다. 짐을 내려두고 감옥에 분배한 후에 수선이 완료되면 다시 차에 싣고 가서 군에 보급하더군요. 그런데 최근에는 말 대신에 물소가 끄는 마차가 왔습니다. 물소를 그렇게 가까이서 본 건 처음이었어요. 납작한 머리, 평평하고 굽어진 뿔을 가지고 있고, 우리네 소보다 더 강하고 큰 몸집이었습니다. 두개골은 양과 비슷하고 몸은 전체가 검은색이고 크고 온화한 검은 눈을 가지고 있었습니다. 루마니아에서 데려온 전리품이라고 합니다. 마차를 모는 군인들은 이 거친 동물을 제어하기가 어려웠다는

---

* 소피의 애칭.

데, 특히나 자유에 익숙하던 이들을 이용해 짐을 끌게 만들기란 정말 어려웠다고 합니다. 물소들은 전쟁에서 패했다는 사실을 이해하기까지, '비 빅티스vae victis'[+]라는 단어를 이해하기까지 수없이 맞았습니다. 수백 마리가 브로츠와프[*]로 몰렸고, 울창한 루마니아 목초지에 익숙했던 이들에게는 비참하고 조악한 먹이만 주어졌습니다. 다양한 종류의 짐을 끄는 데에 가혹하게 착취당해서 빠르게 죽어갔습니다.

며칠 전 자루가 많이 실린 마차가 들어왔습니다. 짐이 너무 높이 쌓여 있어서 물소들이 입구의 문턱을 넘을 수 없었습니다. 옆에 있던 잔인한 군인이 물소들을 두꺼운 채찍으로 때리기 시작했습니다. 그걸 본 경비병은 동물이 불쌍하지 않느냐고 물었습니다. 그러자 "사람도 안 불쌍한데, 뭘!" 하며 사악한 미소를 보이고는 오히려 더 세게 물소들을 가격했습니다. … 결국 짐을 끌어 문턱을 넘어가긴 했지만 그중 하

[+] 라틴어로 '패자에게 화 있을진저' '패자에겐 비애뿐'이라는 뜻이다.
[*] 폴란드 돌노실롱스키에주의 주도. 합스부르크령이었지만 제2차 세계대전 후 폴란드령이 된 지역.

나는 피를 흘리고 있었어요. … 소니트쉬카, 물소 가죽은 정말 질기고 두껍잖아요. 그런데 찢어졌다니까요. 짐을 내리는 동안 물소들은 완전히 지쳐서 가만서 있었고, 피 흘리는 물소는 검은 얼굴에 어린아이가 울먹이는 듯한 온화한 검은 눈을 하고는 가만히 앞만 응시하고 서 있었어요. 가혹한 벌을 받았지만 이유를 모르는 채로 고통과 잔혹한 폭력에서 벗어날 방법도 모르는 어린아이의 표정이었습니다.

내가 물소 앞에 서자 물소도 나를 바라보았고, 순간 내 눈에서는 눈물이 떨어졌어요. 그건 물소의 눈물이기도 했습니다. 가장 사랑하는 형제를 위해서도, 이 말 없는 고통을 위해 아무것도 할 수 없다는 무력감에 치를 떠는 것만큼 더 고통스럽게 몸을 떨 수는 없을 겁니다. 루마니아의 아름답고 자유롭고 푸른 목초지는 얼마나 멀리 사라져버렸을까요! 그곳의 태양은 얼마나 달랐을 것이며, 바람은 얼마나 달랐을 것이며, 거기서 들었을 아름다운 새들의 소리, 목자들의 애수 어린 부름의 목소리는 또 얼마나 달랐을까요. … 여기, 이 낯설고 무서운 도시, 어두운 마구간, 썩은 짚이 섞여 있는 역겨운 곰팡내 나는 건초

더미, 낯설고 무서운 인간들, 그리고 구타에 찢긴 상처에서 흐르는 피…… 오 나의 불쌍한 물소, 불쌍한 나의 사랑하는 형제여, 우리는 둘 다 이곳에서 무력하게 침묵하며 서 있을 뿐. 무력감과 그리움 속에서 하나가 되었군요.

포로들은 무거운 자루를 마차에서 내려 건물로 끌고 가며 주변을 분주히 오갔습니다. 반면에 군인은 양손을 주머니에 찔러넣고는 마당을 성큼성큼 거닐며 미소를 지은 채 거리의 노래를 조용히 흥얼거리더군요.

답장 기다릴게요.
소니트쉬카, 그대를 끌어안으며,

당신의 로자가.
당신의 로자가.
당신의 로자가.[+]

[+] Rosa Luxemburg, *Briefe aus dem Gefängnis*(Zenodot Verlags-gesellscha, 2016).

추신. 소니트쉬카, 사랑하는 이여, 어떤 일이 있든 평온하고 밝게 지내세요. 그게 바로 인생이며, 우리는 담대하게, 두려워하지 않고 웃으며 받아들여야 합니다. 그 모든 것에도 불구하고.

〈프랑스 모음곡〉 중 b단조 〈사라방드Sarabande〉[*]

슈만의 〈유모레스크Humoreske〉에는 마치 피아니스트의 귀에는 들리지만 실제로는 연주가 되지는 않는 '내면의 목소리'를 위한 음표선이 있습니다. 글에도 그러한 내면의 목소리, 의미를 특정하진 않았지만 사람들에게 감동을 주고 그들을 **찌르는** 내면의 목소리가 존재해야 합니다. 내면의 목소리가 없는 글은 죽은 글입니다. 그런 글은 정보로만 구성된 글입니다. 반면에 내면의 목소리는 글이 가지고 있는 **푼크툼**입니다. 저는 〈사라방드〉를 좋아하는데, 제 글이 가진 내면의 목소리를 '사라방드'로 부르고 싶습니다.

* 　　사라방드는 3박자의 느린 무곡舞曲을 말한다.

'사라방드'는 출판하지 않을지도 모를 제 책의 제목이기도 합니다. 그중 일부를 읽어드리겠습니다. 짧은 글로 구성되어 있습니다.

현미경과 같이 생각하라. ─ 존재의 원자를 만져보라.

신은 사물을 개념 이해 없이 인식하신다. 인간만이 사유한다.

하늘의 기러기. ─ 이들은 항상 비행 중에 **대형을** 만든다.

갑자기 나는 매우 연약하다고 느낀다. 다치지 않고자 움직이지 않는다.

시간이 겁에 질려 멈춰설 때까지 뚫어져라 응시하고 소리를 질러라. ─ 구원이 될까, 재앙이 될까?

말벌의 윙윙대는 소리가 연녹색 이파리를 떨리게 한다.

웅장하고 향기로운 풍경, 그러나 글자로만 되어 있는 풍경에 대한 꿈.

꿈에서 오늘 나는 물고기였다. ─ 나를 둘러싸고 있는 색과 형태에 압도되었다. 그것들이 나를 관통하였고 나를 채우고 흘러넘쳤다. 나는 물고기의 무한한 행복을 느꼈다.

그러면 시간이 더 천천히 흐를지도 모른다는 생각을 하며 나는 움직이지 않았다.

오늘 식물원에서 발견한 것. ─ 은빛 건조화와 잔디 위 줄무늬 달팽이.

나는 아무도 나를 느끼지 않는 채로 존재하고 싶다.

세인트 매튜 공원묘지 입구에서 창백하고 움푹 들어간 뺨을 가진 한 노부인이 하늘을 올려다보며 묻는다. "저 위에도 십자가가 있나요?"

구원받은 삶의 상태를 상징하는 듯한 장미도 있다.

그는 슬픔에 몸을 굽혔다.

만개한 벚나무 아래 날씬한 그레이하운드와 뚱뚱한 사십 대 중반의 여자.

말라버린 소시지를 이빨 없는 입으로 씹고 있는 노인. ― 고통.

바다는 받은 것을 반드시 갚는다. 그걸 기억이라고 부를 수도 있겠다. 바람은 없지만 파도는 매우 높다.

화면 위 작은 벌레가 글자를 가리고 있다.

아름다운 표정. ― 닻을 올리기. 힘, 무거움, 그리고 출발, 많은 힘으로, 그러면 공간이 만들어진다.

그녀는 벚꽃을 즐기기 위해 연분홍색 긴 드레스를 입었다.

그녀는 스킨십 이외의 모든 접촉을 고통으로 느낀다.

일 년에 한 번만 심장이 뛰는 심해의 물고기.

아무도 아니기 위해 사람들이 서로 경쟁하는 시대.

오늘날 연필은 멋진 고요를 발산한다.

죽음에 대한 불안은 어쩌면 우리가 아직 **살아가는** 방법을 배우지 못했기 때문일 것이다.

나의 오래된 탁상시계는 메트로놈처럼 시끄럽게 똑딱인다. **구원의 멜로디**를 만들어야 한다.

그랜드피아노의 래커는 항상 겨울 방에 약간의 반짝임을, 행복한 느낌을 선사한다.

그랜드피아노의 검정색 래커가 나에게 가르쳐주는 것이 있다. **어두운 빛**이 존재한다는 것.

나는 유리창을 따라 천천히 아래로 떨어지는 물방울을 좇아 바라본다. 그건 나에게 존재의 기쁨을 준다.

빛을 밝혀주는 생각이 있다. 그렇다, **빛을 밝혀주는 생각**. 그 생각들은 밝으며 행복하게 해주는 **밝은 빛**을 제공한다.

'글쓰기 초원'에는 만개한 크리스마스로즈와 향분꽃나무가 피어 있다. 다시 존재의 기쁨이 찾아온다.

사유는 화음처럼 형성된다.

저는 한 가지 사실을 발견합니다. 오르간은 최대 1만 개의 파이프로 만들어집니다. 더 큰 오르간에는 심지어 더 많을 수도 있습니다. 사람들 눈에 보이는 파이프는 오르간의 아주 작은 부분에 불과합니다. 대부분의 파이프는 눈에 보이지 않는 곳에서 오르간 내부의 **비밀스러운** 작동을 만들어냅니다. 가장 긴 10미터 파이프는 16헤르츠의 매우 낮은 음을 내서 인간이 들을 수 있는 범위를 벗어나 조용한 진동으로만 들립니다. 가장 짧은 6밀리미터 파이프는 14000헤르츠의 음을 내서 대부분의 사람들, 특히 나이 많은 사람들에게는 거의 들리지 않습니다. 저는 작곡가들에게 가장 긴 파이프와 가장 짧은 파이프만을 사용해서 연주할 수 있는 음악을 작곡해달라고 부탁하고 싶습니다. 진동과 직감으로만 들을 수 있는 음악, 구원의 음악을 작곡해달라고. 그런 음악이 나의 글쓰기의 이상입니다.

G장조 〈사라방드〉, c단조 〈사라방드〉

프랑스의 천재적인 피아니스트 알프레드 코르토Alfred Cortot는 마스터클래스에서 슈만의 〈어린이 정경〉의 마지막 곡인 〈시인의 이야기Der Dichter Spricht〉를 언급하며 "놀기보단 꿈을 꾸어야 한다Il faut rêver, pas jouer"고 말했습니다. 저는 그의 말을 저의 글과 생각에 적용하여 이렇게 말하고 싶습니다. "글을 쓰기보단 꿈꾸고 노래해야 한다. 글은 시인이 쓸 것이다Il faut rêver, il faut chanter, pas écrire." 철학자는 결국 시인입니다. 어쩌면 높이 솟은 모자를 쓰고 마법 지팡이를 든 마법사일 수도 있지요. 아도르노가 그의 친구 발터 벤야민Walter Benjamin을 '마법사'로 묘사했듯이 말입니다.

〈어린이 정경〉의 마지막 곡 〈시인의 이야기〉

우리는 오늘날 끊임없이 **스스로를** 생산합니다. 이런 **자기생산**은 시끄럽습니다. 고요해지려면 한 걸음 뒤로 **물러나야** 합니다. 고요함은 **이름 없음無名의 현상**이기도 합니다. '나'는 **나 자신의 주인도, 내 이름의 주인도** 아닙니다. '나'는 내 집에 머무는 **손님**일 뿐입니다. 이 이름을 내 것으로 만든다는 것 자체가 많은 소음을 발생시킵니다. 강해지는 자아는 고요를 파괴합니다. 고요는 내가 뒤로 물러나 **이름 없는 채**로 있을 때, 내가 완전히 **약해질 때**, 또는 평화롭고 친절해질 때 존재합니다.

이러한 고요, 거대한 고요 속에서 비로소 우리는 우리 너머에 있는 **이름 없는 이**와의 관계 안으로 들어가게 되며, 그때에는 이름을 소유하려는 수고가 무의미해집니다. 그 이름 너머에는 '모든 인간을 태어날 때부터 보호하도록 한' 천재가 있습니다. 이 천재는 우리 모두가 오늘날 잃어버린 '나Ich'로 하여금 비참한 생존의 삶 이상을 살아갈 수 있게 해줍니다. 그는 '시간을 초월한 현재'를

저는 작곡가들에게 가장 긴 파이프와
가장 짧은 파이프만을 사용해서
연주할 수 있는 음악을 작곡해달라고
부탁하고 싶습니다.
진동과 직감으로만 들을 수 있는 음악,
구원의 음악을 작곡해달라고.
그런 음악이 나의 글쓰기의 이상입니다.

상징합니다. 조르조 아감벤Giorgio Agamben은 이렇게 말했습니다.

> 천재가 지닌 소년의 얼굴, 그의 길고 눈부신 날개는
> 그가 시간을 인식하지 않는다는 것을 보여준다. …
> 따라서 생일은 과거에 있었던 하나의 날을 기억하는
> 축제가 아닌, 모든 진정한 축제와 마찬가지로 시간
> 의 정지, 현현Ephiphanie, 천재의 현존Anwesenheit이
> 될 수 있다. 우리가 자신으로부터 밀어낼 수 없는 것
> 이 바로 이 현존이며, 실질적 정체성 안에서 우리가
> 스스로를 고립시키지 못하게 막아주는 것 또한 이
> 현존이며, 스스로를 자족시키려는 '나'의 욕구를 깨
> 뜨리는 것이 바로 이 천재다.[+]

절대적으로 고요한 인식은 마치 긴 노출을 활용해 찍
은 사진과도 같습니다. 프랑스 사진가 루이 다게르Louis
Daguerre의 작품 〈탕플대로Boulevard du Temple〉(1838)는
매우 활기찬 파리의 거리를 묘사하고 있습니다. 그러나
그의 작품의 특징이기도 한, 극도로 긴 노출 시간으로 인

[+]   Giorgio Agamben, *Profanazioni*(Nottetempo, 2005).

해 움직이는 모든 것의 형상이 사라져 있습니다. **움직이지 않는 것**들만 남아 있습니다. 그의 사진은 마치 모든 소음이 사라진 마을과 같은 고요함을 느껴지게 합니다. 건물과 나무 외에 보이는 사람의 형상은 단 한 명, 구두를 닦기 위해 가만히 서 있는 남자뿐입니다. 긴 것과 느린 것만이 사진에 담겼습니다. 서두르는 모든 것, 우리는 모두 서두르고 있지요, 그런 것들은 사라질 운명을 피할 수 없습니다. 이 사진은 신성한 눈으로 본 세계라고도 해석할 수 있습니다. 관조적 고요 속에 머무를 수 있는 사람만이 구원하는 시선에 이를 수 있습니다. **구원하는 것은 바로 고요함입니다.**

〈골드베르크 변주곡〉 BWV 988, 25와 12

제 책은 대개 페터 한트케Peter Handke로 시작하거나 페터 한트케로 끝납니다. 그에 대해서 자주 말하고 자주 썼습니다. 저의 책《피로사회》는 페터 한트케로 끝납니다. 한트케는《피로에 대한 시론》에서 '일하는 손' '무엇을 움켜쥐고 있는 손'을 '노는 손'과 대조합니다. 그의 말

루이 다게르, 〈탕플대로〉. 1838년에 촬영하여
1839년 8월에 공개했다. 공식적으로 인정받은
인류 최초의 사진이다.

을 인용해보겠습니다.

> 나는 매일 저녁 이곳 리나레스⁺에서 수많은 어린아
> 이들이 피곤해하는 것을 보았다. … 더 이상 탐욕도
> 없고 손에 무언가를 쥐고 있지도 않으며, 그저 놀고
> 있을 뿐이다.[*]

깊은 피로는 정체성과 '나'를 강하게 붙잡고 있던 힘을 느슨하게 만듭니다. 사물의 가장자리가 깜박이고 희미해지고 떨립니다. 그러다가 형체가 흐려지고 투명해지고 자기 자신에 대한 결단성Entschlossenheit[*]을 잃어갑니다. 이렇게 된 사물들은 서로에게 침투합니다. 타자와의 엄격한 경계 긋기는 없어집니다. 사물들은 서로 친밀해집니다. 한트케는 말합니다.

⁺　　스페인의 한 도시.
[*]　　Peter Handke, *Versuch über die Müdigkeit*(Suhrkamp Verlag, 1992). 이하 인용문 모두 같은 책.
[*]　　현존재Dasein가 자기 존재에 대한 책임을 지기로 결의한 상태를 의미한다. '현존재'의 의미에 대해선 74쪽 주석을 참조할 것.

이렇게 근본적인 피로 속에서 사물은 결코 그 자체로서만이 아니라 항상 타자와 함께 공간에 나타난다. 처음에는 소수의 사물들만이 그렇게 되더라도 결국에는 모든 것이 함께하게 된다.

이러한 피로는 친밀함을 형성하고, 소속감도 친족 관계도 필요하지 않은 공동체를 생각할 수 있게 해줍니다. 사람과 사물은 친밀한 '그리고und'를 통해 연결된 모습을 보입니다. 한트케는 이러한 독특한 공동체가 네덜란드의 정물화 속에 예고되어 있다고 보았습니다.

나는 '하나 속의 모두'를 나타내는 이미지를 가지고 있다. 그것은 바로 17세기 네덜란드 화가들이 그린 정물화로, 거기에는 꽃을 둘러싸고 여기에는 딱정벌레, 여기에는 달팽이, 저기에는 벌, 저기에는 나비가 앉아 있다. 비록 이들은 타자의 현재함, 즉 다른 존재에 대해 전혀 알지 못하고 있다 하더라도 그 순간에는, 내가 보는 이 순간에는 모두가 나란히 함께 있는 것이다.

한트케가 말한 피로는 '나'의 피로도, '탈진한 나'의 피로도 아닙니다. 그는 '우리'의 피로를 말합니다. 즉 나는 '너에 대해서 피로Ich bin deiner müde'한 것이 아니라, 한트케에 따르면, '너와 (있다가) 피로Ich bin dir müde'해진 것입니다. 한트케를 계속 인용하겠습니다.

> 그렇게 우리는 앉아 있었다. 내가 기억하기로는, 우리는 항상 밖에서 오후의 햇살 아래 앉아 서로 이야기하며 즐기거나 말없이 공동의 피로를 즐겼다. … 피로의 구름이, 비물질적인 피로가 당시의 우리를 하나로 만들었다.

〈골드베르크 변주곡〉 BWV 988, 15

사물의 아름다움은 기억 속에서 느리게 나타납니다. 아름다운 것은 즉각적인 자극, 찰나의 반짝임이 아니라 고요한 여운입니다. 아름다움은 시간이 지나서야 느껴집니다. 시간이 흐르면서 사물은 그것이 지닌 향기로운 본질을 드러냅니다. 그러한 본질은 나중에서야 천천히 빛을 내뿜는, 시간이 지나며 축적된 것으로부터 나옵니다.

바이올린과 첼로를 위한 모음곡, 〈사라방드〉

저는 《땅의 예찬》에서 책의 음조를 만드는 시로 가브리엘레 단눈치오Gabriele D'Annunzio의 〈소나무 숲에 내리는 비La Pioggia nel Pineto〉를 인용했습니다. 그 시는 제 사유의 음조이기도 합니다. 오늘 강연은 이 시로 마무리하고자 합니다.

　　침묵하라. 그 문턱에서
　　숲의 문턱에서 나는
　　인간의 말을 듣지 못한다
　　너의 말을. 그러나
　　새로운 말을 들어보라
　　먼 곳의 빗방울과 나뭇잎이 이야기하는 소리를.
　　들어라. 비가 내린다
　　갈라진 구름 사이로
　　비가 내린다
　　소금기 있는 건조한
　　타마리스크 위로,

비가 내린다

뾰족하고 가시 같은 소나무 위로

비가 내린다

신성한 은매화 위로,

반짝이는 금작화의 수많은 꽃 위로,

향기로운 열매 가득한 두송 위로,

비가 내린다

숲을 닮은 우리의 얼굴 위로,

비가 내린다

우리의 맨손 위로,

가볍게 입은 옷 위로,

새로운 정신을 일깨우는

순수한 생각 위로,

어제는 그대를 매혹시켰고 오늘은 나를 매혹시킨

아름다운 동화 위로

감사합니다.

〈골드베르크 변주곡〉 BWV 988, 아리아

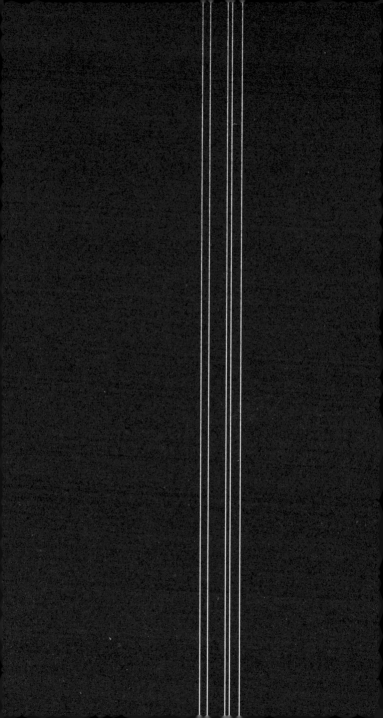

2

에 로 스   종

의   말

포르투,

2023년 4월 11일

안녕하십니까. 초대해주셔서 감사합니다. 처음으로 포르투갈을 방문해 강연할 수 있게 되어 기쁩니다.

이런 자리에 오는 건 자주 있는 일은 아닙니다. 여행을 잘 하지 않기 때문인데요. 일 년에 한 번이나 많아야 두 번쯤일까요. 대부분은 꽃으로 둘러싸인 방에서 책상이나 피아노 앞에 앉아 지냅니다. 꽃으로 가득한 방을 떠나는 것은 쉽지 않은 일입니다. 저를 초대하고 싶으시다면 아마 그랜드피아노가 있는, 꽃으로 가득한 제 방이 통째로 동행하도록 해주셔야 할 겁니다. 그러면 어쩌면 일 년에 세 번 정도 더 나와볼 수 있겠죠. 아시다시피 저는 정원사이기도 합니다. 정원에서의 경험으로 책을 한 권 썼고 포르투갈어로도 번역되었습니다. 제가 만든 정원에는 겨울에도 꽃이 핍니다. 정원사는 보통 여행하지 않습니다. 자기 정원에 머무르지요. 저는 그곳에 '비밀의 정원'이라는 이름을 붙였습니다.

어제저녁이 되어서야 제가 머물고 있는 호텔이 '플로레스 Flores', 즉 '꽃'이라고 불리는 거리에 있다는 사실을 알았습니다. 호텔 이름도 '플로레스'입니다. 누군가 제 방문 앞에 꽃을 놔두신다면, 그러나 초인종은 누르지 않으신다면 전 매우 기쁠 것 같습니다. 사람의 방문은 환영하지 않는 편이지만 꽃의 방문은 항상 환영하기 때문입니다. 사람과 달리 꽃과는 오랫동안 함께 있을 수 있습니다.

오늘 강연 후에는 제가 몇 년 전에 촬영을 시작해서 드디어 완성한 두 시간짜리 영화를 보시게 될 텐데요. 영화의 주인공이 누구인지 먼저 말씀드리고 싶습니다. 바로 '플로레스'입니다. 제가 가장 좋아하는 꽃인 수국이 영화의 주인공입니다. 포르투에서 수국을 발견하시면 플로레스 호텔로 가져다주시기 바랍니다. 그러면 정말 행복할 것 같습니다.

저는 감독도 연출자도 아니고 몇 편의 영화를 본 게 다입니다. 하지만 오래전부터 영화를 만들고 싶다는 깊은 열망을 가슴속에 품고 있었습니다. 베를린예술대학교의 교수일 때 제자 둘과 함께 영화를 만들기 시작했습니다. 그들도 촬영해본 경험이 없었던 터라 제가 감독도 맡고 대본도 쓰고 편집도 하고 음악도 만들었습니다. 모든 걸 직접 했습니다. 첫 신scene의 마지막 촬영일, 세트장에는 저 혼자였습니다. 오늘 여러분도 보시게 될 영화의 첫 신에서 저는 두 손을 물속에 담그고 있습니다. 혼자서 연기하고 있던 터라 카메라를 조작하는 것까지는 할 수가 없었습니다. 그래서 입으로 카메라를 움직여보려 했습니다. 잘 안 됐습니다. 손으로는 연기를 하고, 입으로는 카메라를 문 채로 촬영했습니다. 마지막 촬영일에는 세트장에 완전히 혼자 있었고, 가끔씩 여배우들이 올 때가 있었지만 카메라로 촬영하고 조명을 다루는 것은 오롯이 저의 몫이었습니다. 그러니까 저는 모든 걸 하는 사람이었습니다. 그렇게 만들어진 이 장편영화를 보는 게 여러분에게 꽤나 특별한 경험이 되었으면 합니다. 이 영화는 다양한 이야기로 구성되어 있는데요. 그중 하나는 글렌 굴드Glen Gould라는 유명한 피아니스트의 이야기입니다. 그는 한여름에도 두꺼운 코트를 걸쳐 입을 정도로 추위를 잘 타는 걸로 유명합니다. 이 인물은 제 영화에서 중요한 역할을 맡습니다. 피아노를 치기 전에 그는 따뜻한 물에 손을 담급니다. 그렇게 영화가 시작합니다. 제 장편영화에 대한 이야기는 충분히 한 것 같네요!

제 책은 스페인과 라틴아메리카에서 가장 많이 읽혔습니다. 아르헨티나와 브라질에서 초청을 많이 받았습니다. 하지만 저는 '너무 멀어서'라는 사유와 함께 정중히 거절하곤 했습니다. 만약 정말 먼 곳으로 여행을 가야만 한다면 화성이나 달로 가겠지요. 포르투갈에 오기 위해 저는 이기심을 극복해야 했고 그 보상을 충분히 받았습니다. 비록 꽃으로 가득한 제 방에 있을 수는 없지만, 플로레스 호텔, 플로레스 거리에 머물고 있기 때문이지요. 완벽하지는 않지만 꽃으로 둘러싸인 상태를 유지하는 셈입니다. 아름다운 그랜드피아노가 있고 꽃향기가 가득한 저의 아늑한 방을 떠나기 위해 용기를 내야 했습니다. 그렇게 포르투에 와서 여러분과 이야기하고 있습니다. 포르투를 생각하면 독일의 유명한 영화감독 베르너 슈뢰터Werner Schröter의 멋진 영화 〈이 밤Nuit de Chien〉(2008)이 떠오릅니다. 그 영화에서 포르투는 어둡고 비밀로 가득한 분위기로 그려졌습니다. 그 영화는 저에게 포르투를 신비로운 도시로 바꾸어놓았습니다.

누군가 제 철학적 사유를 한 문장으로 압축해보라고 한다면 저는 이렇게 말할 것입니다. 타자의 소멸. 팬데믹도 타자를 사라지게 하는 데 일조했습니다. 팬데믹으로 인해 타자는 일정 거리를 유지해야 하는 잠재적 바이러스 보균자로 전락했습니다. 우리는 마치 상대방이 무언가 더러운 것인 양 접촉을 피하게 되었습니다. 접촉은 곧 오염을 의미했기 때문입니다. 하지만 팬데믹 이전에도 우리는 접촉 없는 사회에서 살고 있었습니다. 팬데믹은 접촉의 부재를 강화시키는 역할을 했을 뿐입니다.

재택근무를 하는 홈오피스는 타자로부터 나를 보호하는, 접촉 부족 사회에서의 고립된 감방이 되었습니다. 오늘날에도 우리는 여전히 서로 접촉할 수 있을까요? 접촉할 능력이 있나요? 타자와의 접촉이 가능하긴 한가요? 신체적 접촉은 공동체의 결속에 있어 매우 중요합니다. 서로의 손을 마주 내어 잡는 것이 신뢰를 만듭니다. 디지털 네트워킹과 커뮤니케이션에도 불구하고, 또는 오히려 그것들 때문에 우리 사회에는 접촉이 매우 부족합니다. 팬데믹은 접촉 빈곤을 악화시켰습니다. 옥시토신은 접촉할 때 분비되는 호르몬입니다. 옥시토신을 '신뢰 호르몬' '모자母子 호르몬'이라고도 부릅니다. 행복 호르몬의 일종이지요. 옥시토신 호르몬은 신뢰를 형성하고 대인 간 유대, 사회적 결속을 강화합니다. 역사를 통틀어 이 호르몬의 수준은 계속해서 감소하고 있습니다. 소위 선진국이라 부르는 서구권에서는 더욱 낮습니다. 연구에 따르면, 신체 접촉의 부족은 스트레스와 불안을 유발하며, 접촉의 부재는 우울로 이어집니다. 저는 우리가 타자와의 접촉이 더 이상 불가능하기 때문에, 자기 자신의 자아Ego에 사로잡혀 있기 때문에, 더욱더 우울해지는 거라고 생각합니다. '타자의 부재'가 곧 우울의 원인입니다.

팬데믹 이전에는 비록 접촉에 대한 갈망이 크진 않았지만, 그래도 타자를 향해 뻗는 손, 타자를 만지고자, 그리고 만져지고자 하는 손은 있었습니다. 디지털 커뮤니케이션은 공유지입니다. 신체 접촉은 물론, 시선도 신체도 없는 소통일 뿐입니다. 계속되는 줌zoom 미팅에서 상대방은 시선과 신체 없는 유령이 되어가며 현존재Dasein[+]를 겨우 유지합니다. 홈오피스, 즉 격리소에서 타자는 완전히 부재합니다.

[+]   마르틴 하이데거의 실존주의 철학에서 인간을 실존론적 차원에서 지칭하는 말이다.

지도로는
찾을 수
없는 곳

피로사회와 불안사회에서 한병철의 책을 만든다는 것은 어떤 의미일까. 이익을 좇아 책을 만든다는 건, 한병철의 사유를 경유하면, 애초에 불가능한 일이다. 모름지기 책의 역사가 그러했으며, 수십 년째 계속되는 '출판 불황'의 전설에도 불구하고 출판이 건재한 건, 바로 책의 정신 때문이다. 한병철은 말한다. 비평가들은 자기더러 비관주의자라고 말하지만 사실 자신은 희망하는 사람이라고. 불가능함과 부정성을 직시하며 '그럼에도 불구하고' 희망하는 사람. 불안을 무기로 시민을 겁박하는 사회체제에 의문을 제기하며 완전히 다른 삶의 형태를 열망하는 사람. 아직 알려지지 않은 것, 시도되지 않은 것, 태어나지 않은 것을 향해 손을 뻗는 사람. 도무지 장악되지 않는 타자를 긍정하며 혐오와 고립에 맞서는 사람. 사랑의 종말에 맞서 사랑을 재발명해내는 사람. 성공을 계산하지 않고 그저 하는 사람. 불안과 우울이 엄습할 때면 파울 첼란의 시를 곱씹으며 버텨내는 사람. "별은 / 여전히 빛난다 / 아무것도 / 아무것도 잃어버리지 않았다."

그러니까 나도 그런 사람이다. 출판을 시작한 지 이십 년 만에 다다른, 지도로는 찾을 수 없는 곳. 지금 여기에서 희망의 정신을 책으로 만든다. 한병철의 목소리를 들으며 나는 조금 더 용감해진다.

《생각의 음조》 한병철 | 최지수 옮김   디플롯

디지털 매체는 존재가 없는 커뮤니케이션을 생산합니다. 과거 카프카Franz Kafka는 편지조차도 비인간적인 의사소통 매체로 여겼습니다. 카프카는 편지가 영혼의 끔찍한 혼란을 세상에 가져왔다고 말했습니다. 그가 쓴 유명한 서간집인《밀레나에게 보낸 편지》에서 카프카는 이렇게 말했습니다.

> 사람들이 편지를 통해서 소통할 수 있다고 어떻게 생각할 수 있는 거지? 멀리 있는 사람에 대해서는 머릿속으로 떠올릴 수 있고, 가까이 있는 사람은 손으로 붙잡을 수 있으며, 그 밖의 모든 건 인간의 힘을 넘어서는 일이거늘.[*]

카프카에 따르면, 편지는 유령과 교류합니다. 글자로 적은 키스는 목적한 곳까지 도달하지 못한 채 유령에게 붙잡혀 흡수된다고 말합니다. 카프카가 말한 유령은 이제 인터넷, **스마트폰**, 이메일, 트위터, 페이스북, 왓츠앱으로 변모했습니다. 새로운 세대의 유령, 즉 카프카가 디지털 유

[*] Franz Kafka, *Letters to Milena*(1952).《밀레나에게 보내는 편지》(범우사, 2003).

령을 본다면 분명 탐욕스럽고 뻔뻔하고 시끄러운 놈이라고 말할 것입니다. 이 유령 같은 소통은 존재가 없는 소통, 유령의 소통입니다. 이러한 소통이 우리를 우울하게 만듭니다. 존재가 있어야 우리는 행복해질 수 있습니다.

줌 미팅은 디지털 거울에 비친 자신의 모습을 끊임없이 바라보게 만듭니다. 화면에 비친 자기 자신의 얼굴을 보는 것은 우리를 피곤하게 만듭니다. 우리는 항상 자기 자신의 얼굴과 마주해 있으며, 이러한 현상은 어처구니없는 부작용을 초래합니다. 팬데믹 격리 기간에는 성형 수술 붐이 일었습니다. 화면에 뜬 흐릿한 얼굴을 보며 사람들은 자기 외모에 절망했습니다. 또렷하게 나오면 그것은 그것대로 주름, 검버섯, 눈 밑 잔주름, 다크서클 등과 같은 보기 싫은 피부의 변화를 갑자기 느끼게 만듭니다. 팬데믹 기간 동안 구글에서 성형수술과 관련된 검색이 증가했습니다. 줌 이형증zoom dysmorphia이 화제가 되었습니다. 디지털 거울 이미지는 사람들로 하여금 이형증, 즉 신체적 결점에 대한 과도한 집착에 빠지게 했습니다. 이러한 현상은 팬데믹이 자기 최적화의 압박을 심화시켰습니다. 바이러스는 팬데믹 이전부터 이미 우리 마음속에 존재하던 최적화의 광기를 극한으로 몰아붙였

신체 접촉의 부족은 스트레스와
불안을 유발하며, 접촉의 부재는
우울로 이어집니다. 저는 우리가 타자와의
접촉이 더 이상 불가능하기 때문에,
자기 자신의 자아에 사로잡혀 있기 때문에
더욱더 우울해지는 거라고 생각합니다.
'타자의 부재'가 곧 우울의 원인입니다.

습니다. 자아를 향한 끊임없는 집착, 홈오피스에 앉아 자기 자신을 끊임없는 반추하는 행위는 우리를 피곤하고 우울하게 만들었습니다. 코로나 바이러스는 피로 바이러스였습니다.

세상과 나와의 관계는 우리가 세계와 사물을 리비도+적인 에너지로 채움으로써 발생합니다. 하지만 오늘날 이러한 리비도적인 에너지는 세상으로 흘러 나가는 대신에 '나'로 되돌아옴으로써 역류성 정체를 일으킵니다. 리비도적 에너지의 역류성 정체는 우리를 불안하고 우울하게 만듭니다. 불안은 어떠한 대상도 더 이상 리비도로 채워지지 않을 때 발생합니다. 그러면 '나'는 대상에 대한 연결 없이 자기 자신으로 되돌아갑니다. 즉 '세계'가 없는 상태가 됩니다. '나'는 자기 안에서 고립되고, 세계의 부재는 우리를 우울하게 만듭니다.

우울을 겪어본 사람, 깊은 우울증에 고통받았던 사람은 알고 있습니다. 우울한 사람은 세상을 잃어버린다는 것을.

+   프로이트 정신분석학의 기초 개념으로, 사람이 내재적으로 갖고 있는 정신적 에너지를 말한다.

이들은 세상과 단절되어 있습니다. 그렇지 않습니까? 우울증은 암보다 훨씬 더 나쁜 질병입니다. 암에 걸린 사람은 여전히 세상에 존재하는 반면, 우울한 사람에게는 세상이 없습니다. 죽음보다 심각한 상태입니다. 깊은 우울증을 겪어본 사람만이 그것이 어떤 것인지 알 것입니다.

스마트폰 화면을 계속 이리저리 터치하고 밀어 넘기는 것은 세상과의 관계, 타자와의 관계에 막대한 영향을 미칩니다. 나에게 관심 없는 정보는 빠르게 사라집니다. 반면에 내가 좋아하는 내용은 손가락으로 확대할 수 있습니다. 세상을 완전히 손안에 쥐고 있는 셈입니다. 세상은 온통 나를 향해 있습니다. 스마트폰은 이런 식으로 자기 자신을 향한 몰입도를 끌어올립니다. 나는 스마트폰을 이리저리 터치하며 세상을 나의 필요에 복종하게 합니다. 디지털로 구현된 세상이 내 손안에 있다는 인상을 줍니다.

터치하는 검지는 모든 것을 소비하고 사용할 수 있게 만들어줍니다. 상품이나 음식을 주문하는 검지는 소비주의적 아비투스Habitus*를 필연적으로 다른 영역으로까

* 습관 또는 취향을 말한다.

지 전이시킵니다. 검지가 누르는 모든 것은 상품의 형태가 되며 소비 가능하게 됩니다. 데이팅앱 틴더에서는 타자를 성적 대상으로 격하시킵니다. 상대방은 타자성을 빼앗긴 채 소비 가능한 대상이 되어버립니다. 우리는 상대방이 나의 손에 닿지 않는 곳에 있을 때에만 그에게 신체적 접촉을 말할 수 있습니다.

디지털화는 필연적으로 타자를 사라지게 합니다. 디지털 매체로 인해 우리는 오늘날 타자를 통제하고 가능한 한 가깝게 만들고 찾아내고 좇으려고 합니다. 하지만 타자를 통제하려는 시도는 타자의 존재를 없애버리는 행위입니다. 디지털 매체는 우리를 더 가깝게 만드는 것이 아니라 '거리의 상실'을 초래합니다. '가깝다'는 것은 '거리 없음'과 다른 개념입니다. 가까운 것은 먼 것을 전제하는, 먼 것에 대한 반대말이기 때문입니다. 가까운 것과 먼 것은 상호 연관되어 있고, 상호 의존적이며, 서로를 강화시킵니다. 거리의 상실은 먼 것을 없애버림으로써 가까운 것도 없애버립니다. 이러한 거리의 상실로 인해 타자 또한 사라집니다. 타자의 물화Verdinglichung가 이루어질 때 거리의 상실이 발생합니다. 스마트폰을 통해 우리는 **타자의 예측 불가능성으로부터** 안전한 영역으로, 자기 자신을 타자로부터 보호해주는 '디지털 버블' 안으로 움츠러듭니다. 스마트폰은 타자를 물화함으로써 '이용' 가능하게 만듭니다. **'당신'**을 **'그것'**으로 만듭니다. 우리는 이것을 다시 '당신'이 되도록 바꾸어야 합니다. '당신'만이 타자입니다. 타자의 소멸이, 바로 스마트폰이 우리를 외롭게 만드는 존재론적 이유입니다. 우리의 필요를 충족시켜주는 소비 가능한 대상은 강렬한 유대감이나 친밀함을 허용하지 않습니다. 네트워킹은 증가하고 우리는 점점 더 연결되지만 우리는 그 어느 때보다도 외롭습니다. 안타깝게도 소비자는 외롭습니다.

스마트폰이 생겨난 이래로 우리는 서로의 눈을 바라보는 일이 드물어졌습니다. 시선이 사라져갑니다. 시선은 **다른 곳**에 있습니다. 엄마가 스마트폰에 몰두하는 동안 어린아이는 엄마의 시선을 빼앗깁니다. 엄마의 시선 안에서 어린아이는 지지할 곳, 자기 확신, 공동체를 발견하는데 말입니다. 시선은 신뢰를 구축합니다. 시선이 부족하면 우리 자신과의 관계, 타자와의 관계가 망가집니다. 시선을 잃으면 타자도 잃게 됩니다. 시선이 없으면 공감을 이끌어내는 것도 불가능합니다. 그래서 우리는 공감 없는 사회에 살고 있습니다. 시선이 사라지면 공명의 공간도 사라집니다. 저는 우울증이 공명의 상실, 즉 세상과의 공명의 상실, 타자와의 공명의 상실에서 비롯된다고 생각합니다. 공명 없이는 자기 자신 안에 얽히고 갇히게 됩니다. 공명이 없으면 우리는 우울해집니다.

타자의 소멸은 저의 책《피로사회》와도 연결됩니다. 이 책에서 저는 신자유주의적 성과사회에서 벌어지는 자기착취에 관해 이야기했습니다. "짐승은 주인에게서 채찍을 빼앗아서 자기가 주인이 되기 위해 다시 자기 자신을 채찍질한다"라는 카프카의 아포리즘이 있습니다. 짐승은 자기 자신을 채찍질하면서 스스로가 자유롭다고 착각합니다. 우리도 이 치명적인 망상에 빠지고 말았습니다. 자기실현을 해내고 있다는 착각 속에서 스스로를 자발적으로, 그리고 열정적으로 착취합니다. 여기서 삭농하는 파괴적인 압박은 타자가 아닌 자기 자신이 가하는 것입니다. '나'는 주인으로부터 착취당하고 채찍질당하는 것이 아니라, 내가 나 자신을 채찍질하고 착취하는 것입니다. 그러한 나는 주인인 동시에 노예입니다. 이는 강압과 자유가 한 몸으로 합쳐진 역설적 자유입니다.

오늘날 우리는 어딘가에 예속된 주체가 아니라고 생각

합니다. 우리 스스로를 어떤 것의 영향하에 있는 주체, 즉 **서브젝트**Subjekt가 아니라 자유롭고도 항상 새로이 자기 자신을 설계하는, 창의적이면서도 새로운 것을 발견해내는, 스스로를 최적화하는 **프로젝트**Projekt라고 생각하곤 합니다. 그런데 저는 프로젝트라는 말을 싫어합니다. 서브젝트에서 프로젝트로 전환되는 과정은 항상 자유롭다는 느낌을 동반합니다. 이 자유 프로젝트는 그것 자체로 하나의 강압적 형태, 심지어 **더욱 효율적인 예속의 형태**라는 것이 드러납니다. '나'는 **외부의 강압과 낯선 것으로부터의 제약에서 스스로 해방되었다고 믿는 프로젝트**로서, 성과와 최적화의 강박이라는 형태를 띤 **내부의 압력**과 **자기 압박**으로 다시금 스스로를 예속시킵니다. 우리는 그렇게 자기 자신을 실현시키고 있다는 착각 속에서 스스로를 착취합니다.

우리는 자유가 그 자체로 강박을 만들어내는 역사적 기로에서 살아가고 있습니다. **할 수 있음**이 주는 자유는 규율상의 당위, 명령, 금지보다도 더 많은 강박을 만들어냅니다. **해야 함**에는 한계가 있습니다. 그러나 **할 수 있음**에는 한계가 없습니다. 따라서 **할 수 있음**이 주는 강박은 무한합니다. 이런 이유로 우리는 역설적 상황에 처해 있습니다. 실제로는 자유는 강박의 반대 개념입니다. 자유롭다는 것은 곧 강박으로부터 자유롭다는 뜻이어야 합니다. 하지만 강박의 반대말인 이 자유가 그 자체로 참을 수 없는 강박을 유발합니다.

자기가 자유롭다고 착각하는 신자유주의적 성과 주체는 실제로는 노예입니다. 주인 없이도 자발적으로 착취한다는 점에서 심지어 **절대적 노예**입니다. 일하라고 강요하는 주인이 존재하지 않기 때문입니다. 신자유주의적 주체는 자신의 기업가로서, 타자와 **목적 없는 관계**를 맺을 능력이 없습니다. 기업가들 사이에는 목적 없는 우정이 생기지 않습니다. 반면에 본래 **자유로운 상태**라는 것은 친구의 집에 있다는 뜻입니다. **자유와 친구**는 인도유럽어에서 같은 어원을 가지고 있습니다. 자유는 근본적으로 **관계성**을 내포하는 단어입니다. 사람들은 성공적인 관계에서 비로소 진정한 자유를 느낍니다. 그러나 신자유주의 체제가 초래한 총체적 고립은 우리를 실제로는 자유롭게 해주지 못합니다. 자유는 **공동체의 성취**와 동의어입니다. 독일 항공사 루프트한자의 광고 슬로건은 '오직 당신만 Only You'입니다. 이런 말은 자유의 좋은 기반이 될 수 없습니다.

칼 마르크스Karl Marx는 개인의 자유를 자본의 속임수라고 했습니다. 자본은 개인의 자유를 이용해서 몸집을 키웁니다. 사람들이 서로 무자비하게 경쟁하는 동안, 자본은 증식합니다. 개인의 자유는 자본이 증식되는 데에 이용되는 한, 결국 속박에 불과합니다. 자본은 자본을 증식시키기 위해 개인의 자유를 착취합니다. 자유로운 개인은 자본을 증식시켜주는 생식기로 전락합니다. 오늘날 과도한 형태를 띠고 있는 개인의 자유는 결국 자본의 과잉에 다름없는 셈입니다.

오늘날 우리는 자유롭다고 생각합니다. 하지만 실제로는 스스로를 열정적으로, 쓰러질 때까지 착취합니다. 교활한 성과 논리가 스스로를 앞서 나가도록 압박합니다. '나'는 무언가를 성취한 후에 그것보다 더 성취하고 싶어집니다. 그렇게 나는 나 자신을 추월하고 싶습니다. 하지만 나 자신을 추월한다는 것이 가능한 말일까요? 이러한 어처구니없는 성과 논리는 결국 붕괴로 이어집니다. 우리는 자기를 실현하고 최적화한다고 생각하지만, 실제로는 자신을 착취하고 있을 뿐입니다. 우리는 죽는 순간까지 스스로를 최적화합니다. 그렇다고 어디에 항변할 수 있을까요? 나에게 일하라고 강요한 사람은 아무도 없는

데 말입니다. 나의 자유의지로 나 자신을 착취하고 있는
데 말입니다. 미국의 저명한 개념예술가 제니 홀저Jenny
Holzer는 정치, 사회, 문화적 문제에 대한 모순적 성찰을
날카로운 경구로 담아낸 〈트루이즘Truism〉(1977~1979)이
라는 작품들을 제작했습니다. 그중 하나가 〈나의 욕망
에서 나를 구해줘PROTECT ME FROM WHAT I WANT〉입니
다. 이것이 바로 자유의 역설입니다.

타자의 결핍은 현대 사회의 병리적 현상입니다. 네트워킹
된다는 것은 연결된다는 것과 동의어가 아닙니다. 무한
한 연결성은 유대를 약화시킵니다. 4천 명의 친구가 있다
고 하지만, 그 사이에는 유대감도 친밀함도 없을 것입니
다. 강력한 관계는 내가 조작할 수 있는 범위 너머에 존
재하는 타자를 전제합니다. 타자를 내 마음대로 이용할
수 없어야 비로소 가까움, 친밀함이 가능해집니다. 내 마
음대로 이용할 수 있는 대상은 나의 필요에 따라 소비할
수는 있을지언정 직접 만질 수는 없습니다. 타자는 마음
대로 이용하거나 소비 가능한 대상이 아닙니다.

유대인 철학자 마르틴 부버Martin Buber는 이렇게 말했습
니다. "'당신'이라고 말하는 사람은 '무언가'를, '그것'을

가지고 있지 않고, 어쩌면 아무것도 가지고 있지 않다. 하지만 그 사람은 관계 속에 있다."[+] 마음대로 이용 가능한 '그것', 소비 가능한 대상, 나의 필요를 충족시켜주는 '무언가'는 강력한 관계를 만들어낼 수 없습니다. 오늘날 우리는 이러한 '당신', 즉 타자를 완전히 잃어가는 과정에 있습니다.

최근에는 사랑의 종말이 종종 언급되고 있습니다. 오늘날 사랑은 끝없는 선택의 자유와 선택지의 다양함으로 인해 파괴되고 있습니다. 데이팅앱 틴더에는 무한한 선택지가 있습니다. 한계 없는 가능성으로 가득한 세계에서 사랑은 불가능합니다. 차갑게 식어버린 열정, 사랑의 합리화, 선택 기술의 확장에 대한 비판은 많습니다. 하지만 이런 논의는 무한한 선택지나 자유라는 문제에 앞서서 근본적으로 사랑을 힘들게 하는 게 있다는 사실을 인식하지 못한 것입니다. 지금 모든 삶의 영역에서 일어나고 있는 타자의 소멸 현상, 특히 '자기das Selbst'에 대해 커져가는 나르시시즘이 동반된 타자의 소멸 현상은 사랑의

[+] Martin Buber, *Ich und Du*(1923). 《나와 너》(대한기독교서회, 2020).

위기를 불러일으킵니다. 타자가 사라진다는 것은 사실 극적인 과정이지만, 불행히도 낳은 사람들이 거의 알아차리지 못한 채 진행되고 있습니다.

에로스는 '나'의 체제 안으로 포함되지 않는 타자를 향한 것입니다. 오늘날 사회의 모습인 동일성의 지옥에서는 에로스의 경험이 일어날 수 없습니다. 그러한 경험은 타자의 비대칭성과 외부성을 전제하기 때문입니다. 소크라테스가 **아토포스**atopos라고 불린 건 우연이 아닙니다. 나를 열망하게 하고 매혹시키는 타자의 존재가 곧 아토포스입니다. 그러한 타자는 동일한 언어를 쓰지 않습니다. 아토포스는 정해진 장소가 없다는 뜻입니다. 나는 타자의 장소를 정할 수 없고 타자는 내가 마음대로 할 수 있는 대상이 아니라는 뜻입니다.

롤랑 바르트는 이렇게 말했습니다. "아토포스로서, 타자는 언어를 뒤흔들어놓는다. 우리는 그 타자를, 그리고 그 타자에 대해서 말할 수 없다. 그를 묘사하는 그 어떤 수식어도 틀리며 고통스럽고 서투르고 민망하다."[+] 아토포스적 타자의 부정은 소비를 좋아하지 않습니다. 따라서 소비사회는 소비 가능한 차이를 발생시키기 위해 아토포스적 타자성을 제거해버리려 합니다. 이 차이는 부정성으로서의 타자성에 반대되는, 긍정성에 해당하는 개념입니다. 오늘날 전체적으로 부정성이 사라지고 있습니다. 모든 것이 사용의 대상, 소비의 대상, 필요 충족의 대상으로 평탄해집니다.

찰리 카우프만Charlie Kaufmann 감독의 걸작 애니메이션 〈아노말리사Anomalisa〉(2016)는 오늘날의 동일성의 지옥을 적나라하게 묘사합니다. 이 영화의 제목은 '**타자를 향한 갈망**'이나 '**사랑 예찬**'이라고 이름 지어도 될 것 같습니다. 영화에서 나오는 동일성의 지옥에서는 **타자를 향한 갈망**이 불가능합니다. 주인공 마이클 스톤은 신자유주의 사회에서 성공한 동기부여 연설가이자 작가입니다. 그의 책은 생산성을 크게 향상시켜준다는 이유로 어디서나 호평 일색입니다. 그런 성공에도 불구하고 그는 심각한 실존적 위기에 빠지게 됩니다. 무의미하고 단조롭고 매끄럽게 광나는 소비사회이자 성과사회에서 그는 외롭고 무의미하고 지루하고 환멸을 느끼며 방향을 잃은

+   Roland Barthes, *Fragments d'un discours amoureux*(Editions du Seuil, 1977). 《사랑의 단상》(동문선, 2023).

13:14:22

13:19:52

13:26:07

13 : 40 : 10

상태입니다. 이곳 사람들은 모두 같은 얼굴을 가지고 있고 같은 목소리로 말합니다. 택시 운전사의 목소리, 식당 종업원의 목소리, 호텔 매니저의 목소리는 모두 그의 아내의 목소리와 똑같습니다. 아이의 얼굴은 성인의 얼굴과 똑같습니다. 그런데 이 똑같은 사람들이 모순적이게도 타자와 다르기를 원하면서 세상을 살아가고 있습니다. 우리는 각자 고유해지고 싶어 하지만, 이 고유성의 세상에서 여러분은 모두 똑같은 셈입니다. 복제인간과도 같습니다. 우리는 각자 고유해지고 싶어 하는 복제인간입니다. 그게 바로 모순입니다. 그렇게 되기란 불가능하기 때문이지요. 우리는 모두가 이러한 모순 속에서 살아가고 있습니다.

마이클은 강연을 하기 위해 신시내티로 갑니다. 호텔에서 그는 한 여성의 목소리를 듣습니다. 이 영화에는 로맨스가 있습니다. 호텔에서 그가 들은 여성의 목소리는 처음 듣는 새로운 목소리였던 것이지요. 마이클은 그 목소리가 들리는 방문을 두드렸습니다. 놀랍게도 그녀는 마이클을 알아보았습니다. 사실 마이클의 강연을 듣기 위해 신시내티로 온 여성이었습니다. 그녀의 이름은 리사였습니다. 목소리만 다른 게 아니라 얼굴도 남들과 달랐습니다. 최적화된 동일한 얼굴이 아닌 탓에, 보기에는 좀 못생겨 보였습니다. 게다가 뚱뚱하고 얼굴에 흉터도 있어서 계속 머리카락으로 흉터를 가리려고 했습니다. 하지만 마이클은 그녀와 그 타자성과 그 고유한 목소리와 그녀만의 '다름'과 사랑에 빠집니다. 사랑에 빠진 그는 그녀를 '아노말리사'[+]라고 부릅니다. 바로 영화의 제목이기도 하지요. 그렇게 그들은 함께 밤을 보냅니다.

마이클은 강연을 마치고 집으로 돌아옵니다. 가족과 친구들은 그를 반갑게 맞이합니다. 하지만 마이클은 그들이 너무 똑같이 생겨서 구분하지 못합니다. 모두가 같은 사람 같습니다. 마지막 장면에서 리사는 마이클에 대한 자신의 사랑을, 마치 다른 세계에서 온 듯한 그녀의 사랑을 확인합니다. 동일성의 마법에서 풀려난 것 같아 보이는, 그리고 모두가 각자의 고유한 목소리와 고유한 얼굴을 되찾은 듯한, 다른 세계에서 온 것 같은 사랑을 말이지요. 리사는 아노말리사가 일본어로 번역하면 '하늘의 여신'이라고 슬쩍 언급합니다. 아노말리사는 우리를 동

[+]   '변칙, 이례'를 뜻하는 '아노말리anomaly'와 여자 주인공의 이름 '리사Lisa'를 합친 애칭으로 보인다.

일성의 지옥에서 구원해주는 탁월한 존재입니다. 그녀는 곧 **에로스로서의 타자**입니다.

동일성의 지옥에서 사람들은 외부에서 조종되는 인형과 다름없습니다. 이 영화를 실제 배우가 아닌 인형으로 찍은 것은 좋은 선택 같습니다. 마이클이 자기 얼굴에서 조립 틈새를 발견하며 자기가 인형이 아닐까 하고 추측합니다. 그의 얼굴 일부가 떨어져 나가는 장면이 나옵니다. 떨어져 나간 하관 부분을 손에 받아 든 채로, 입은 자동으로 무언가를 웅얼대고 있습니다. 그는 자기가 진짜 인형이라는 사실에 경악합니다. 저명한 독일 극작가 뷔히너Georg Büchner의 희곡에 나오는 "우리는 알 수 없는 힘에 의해 끌려다니는 꼭두각시와 같다"[+]는 말이 어쩌면 이 영화의 모토가 되었는지도 모르겠습니다.

오늘날 우리는 갈수록 자기애가 강화되는 사회에 살고 있습니다. 리비도는 자신의 주관성에 우선적으로 투자됩니다. 우울증은 자기애적 질병입니다. 지나치게 긴장한,

[+]   Georg Büchner, *La muerte de Danton*(1835).《보이체크·당통의 죽음》(민음사, 2013).

병적으로 과도하게 통제된 자기참조Selbstbezug*가 우울증을 초래합니다. 자기애적이고 우울한 주체에게 세상은 없습니다. 그는 타자로부터도 벗어나 있습니다. 에로스와 우울은 서로 반대됩니다. 에로스는 우울한 주체를 그 자신으로부터 떼어내 타자에게로 끌어옵니다. 반면에 우울은 그 자신 안에서 붕괴하게 만듭니다. 오늘날의 자기애적 성과 주체는 무엇보다 성공에 관심이 있습니다. 성공은 한 개인이 타자에 의해 인정받은 결과를 말합니다. 이 과정에서 타자는 타자성을 빼앗기고, 한 개인을 비추는 거울로, 즉 자신의 자아 속에서만 타자를 확인하는 거울로 전락합니다. 이러한 인식 논리는 자기애적 성과 주체를 더욱 깊이 그 자아 속에 갇히게 만듭니다. 이는 '성공 우울증'으로 이어집니다. 성공 우울증은 성공할수록 오히려 우울해진다는 뜻입니다. 모순적이지요. 우울한 성과 주체는 자기 자신 속으로 가라앉다가 익사해버립니다. 반면에 에로스는 타자를 그가 가진 타자성 속에서 경험할 수 있게 해주며 한 개인을 자기애적 지옥에서 빠

---

*   '자기참조'는 '자기중심주의Egozentrismus'와 구별된다. 자기참조는 자기와 관련된 정보에 집중하는 경향을 말하지만, 자기중심주의는 자기 이익과 관점만을 중시하는 경향을 말한다.

져나오게 해줍니다.

저는 에로스와 우울 사이의 긴장 관계를 설명할 때, 라스 폰 트리에Lars von Trier 감독의 영화 〈멜랑콜리아〉(2012)를 예로 들곤 합니다. 훌륭한 철학적 영화로 한 여성(저스틴)의 이야기를 담아내고 있습니다. 저스틴은 타자의 존재를 각성하는 순간에 본인이 가지고 있던 우울증에서 벗어나게 됩니다. 타자에 대한 각성, 즉 타자를 향한 욕망이 깨어나는 순간에 우울증이 치료되었다는 것입니다. 이 타자는 지구와 충돌하는 경로에 있는 '멜랑콜리아'라는 이름의 한 행성의 형태로 저스틴 앞에 나타납니다. 라스 폰 트리에 감독은 밤하늘에 있는 이 푸른 행성을 타자의 시선으로, 저스틴을 향한 연인의 시선으로 보여줍니다. 말씀드렸듯이, 타자는 곧 시선입니다. 그래서 이 푸른 행성은 우울증 환자인 저스틴이 욕망하게 되는 타자의 시선으로 나타나고, 그녀가 그 시선을 열망하는 순간, 그녀의 우울증은 치유됩니다. 푸른 별은 치명적이지만, 말 그대로 죽음을 초래하는 존재이지만, 저스틴으로 하여금 에로스적인 열망을 갖게 하고, 타자의 시선이 되어 저스틴을 우울증으로부터 해방시켜주고, 그를 우울증 환자에서 사랑을 하는 사람으로 바꿔주었습니다. 행성의 형태를 한 타자의 시선이 그녀를 사랑을 하는 여인으로 변화시켜주었다는 것입니다. 죽음으로 이 끄는 이 행성 앞에서 저스틴은 활짝 피어났고 정욕에 의해 구원받습니다. 이 사랑과 욕망의 장면에서 〈트리스탄과 이졸데Tristan und Isolde〉의 유명한 서곡 〈사랑의 죽음 Liebestod〉[+]이 들려옵니다. 정말이지 아름다운 영화가 아닐 수 없습니다.

오늘날의 성과사회는 '**할 수 있음**'이라는 동사가 완전히 지배하고 있습니다. '**예스 위 캔**Yes we can'이 성과사회의 모토입니다. 에로스는 성과 너머, 권력 너머에 있는 타자와의 관계입니다. '할 수 있음'이 아닌 '할 수 있지 않음'이 에로스의 동사입니다. 타자성의 부정성, 즉 '할 수 있음'도, '마음대로 이용할 수 있음'도, 소비도 통하지 않는 타자의 아토포스적 성격이 에로스적인 경험을 구성합니다. 에마뉘엘 레비나스Emmanuel Lévinas는 오늘날 우리에게 꼭 필요한 훌륭한 철학자입니다. 프랑스에서 가장 유

[+]　〈트리스탄과 이졸데〉는 리하르트 바그너Richard Wagner의 오페라로, 그중 〈사랑의 죽음〉은 이졸데의 아리아다. 사랑과 죽음의 결합을 표현하는 곡으로, 이졸데는 트리스탄과의 사랑이 죽음의 경계를 넘는 영원의 상태로 승화된다고 믿는다.

명한 철학자 중 한 사람이기도 합니다. 이 철학자의 책을 꼭 읽어보시면 좋겠습니다. 그의 철학은 그 어느 때보다도 중요합니다. 레비나스는 저에게 큰 의미가 있습니다. 그는 타자의 철학에 탁월한데, 이렇게 말한 바 있습니다. "타자성은 타자가 본질로 가지고 있는 특성이다. 그것이 곧 우리가 타자성을 에로스의 절대적 근원적 관계 안에서, 즉 '할 수 있음'으로 번역될 수 없는 관계 안에서 추구하는 이유다."[+] 에로스는 '할 수 있음'으로도, '성과'로도 번역될 수 없습니다. '할 수 있음'의 절대화는 타자를 소멸시킵니다. 타자와의 성공적인 관계는 실패의 일종, 약해짐으로 여겨집니다. 오직 '할 수 있지 않음'을 통해서만 타자가 드러납니다. 저는 레비나스의 말을 다시 인용하고자 합니다. "누군가를 소유하고 붙잡고 인식할 수 있다고 한다면, 그것은 타자가 아닐 것이다. 소유하고 인식하고 붙잡는 것은 모두 '할 수 있음'의 동의어다." 우리는 그 '할 수 있음' 너머에서, 즉 '할 수 있지 않음', **무력함**, 실패 속에서 타자를 만납니다.

[+] Emmanuel Lévinas, *Le Temps et L'Autre*(PUF, 2014). 《시간과 타자》(문예출판사, 2024). 이하 인용문도 같은 책.

오늘날 사랑은 성과에 의해 좌우되는 섹슈얼리티로 변형되었습니다. 섹스는 이제 성과입니다. 오늘날 모든 것이 성과입니다. 휴가도 성과입니다. 섹시함은 더 키워야 하는 자본입니다. 전시 가치를 지닌 신체는 상품과도 같습니다. 타자성을 빼앗긴 타자는 사랑할 수 없으며 소비할 수 있을 뿐입니다. 대상으로서의 타자는 나의 필요를 충족시켜줄 뿐입니다.

영화로도 제작된 세계적인 베스트셀러 《그레이의 50가지 그림자》*의 여자 주인공은 자신의 성적 파트너가 '정해진 근무시간, 명확하게 설정된 업무, 성과의 질을 보장하기 위한 다양하고 철저한 방법을 갖추고 있는 직업 제안'처럼 관계를 설명하는 것을 보고 놀랍니다. 이 사랑은 성과입니다. 그러나 성과 원칙은 에로스의 특징인 과도함이나 초과됨과 같은 부정적 측면과는 조화될 수 없습니다. 따라서 복종하는 여성 주체인 '서브Sub'가 동의한 의무 사항에는 넉넉한 운동, 건강한 식사, 충분한 수면이 포함되어 있습니다. 식사 사이에 과일 외의 다른 것을 섭

---

*   E. L. James, *Fifty Shades of Grey*(Arrow, 2012).《그레이의 50
　　 가지 그림자》(시공사, 2012).

취하는 것도 금지되어 있습니다. '서브'는 과한 음주도 할 수 없고 흡연을 하거나 마약을 할 수도 없습니다. 성적인 관계도 건강한 상태여야 할 수 있습니다. 어떤 형태로든 부정성과 과도함은 엄격히 금지됩니다.

이들은 계약서에 서명합니다. 사랑에 계약서가 필요한 것이지요. 계약 조항의 금지 행위 목록에는 배설물에 관한 내용도 포함돼 있습니다. 상징적인 것이든 실제의 것이든 더러움이 갖는 부정성도 제거되어 있습니다. 모든 것이 **클린**한 방식, 즉 깨끗하고 위생적이어야 합니다. 주인공은 '항상 깨끗한 상태를 유지하고 제모되어 있거나 왁싱되어 있기'를 약속합니다. 사도마조히즘SM은 성적 취향의 변형에 지나지 않습니다. 이들은 프랑스의 에로스 철학자 조르주 바타유Georges Bataille가 말한 '금기를 넘어서는 **에로티시즘**Erotik der Transgression'의 특징인 과도함이나 위반이 갖는 부정성을 거부합니다. 하지만 더러움은 바타유가 말하는 에로티시즘에 매우 중요한 요소입니다. 에로스는 더럽습니다. 클린하지 않고 위생적이지 않습니다. 그러나 영화의 주인공들은 사전에 합의된 '하드 리미트Hard Limits'를 넘을 수 없습니다. 소위 '세이프워드Safewords'도 과한 형태는 취하지 않겠다는 것을 보장

에로스는 우울한 주체를
그 자신으로부터 떼어내
타자에게로 끌어옵니다.
반면에 우울은 그 자신 안에서
붕괴하게 만듭니다.

하기 위한 장치입니다. 영화 전반적으로 **'달콤하다'**라는 형용사를 과도하게 사용하는 현상은 모든 것을 즐김의 공식, 소비의 공식으로 바꾸는 긍정성의 명령을 보여주고 있습니다. 심지어는 '달콤한 고문'이라는 말도 사용합니다. 긍정성과 욕구 충족의 세상에서는 소비 가능한 것들만이 허용됩니다. 고통마저도 즐길 수 있어야 합니다.

타자가 성적 대상으로 인식되는 순간, 모든 '원시적 거리 Urdistanz', 즉 타자가 대상으로, '그것'으로 사물화되는 것을 막는 원시적 거리가 침식되어버립니다. 성적 대상으로서의 타자는 더 이상 '당신'이 아닙니다. 그러한 존재와는 '관계' 맺는 것이 불가능합니다. 사랑은 오늘날 '즐김'의 공식으로, 즉 부정성이 전부 제거된 긍정적인 것으로 변해버렸습니다. 오늘날의 사랑은 무엇보다 편안한 느낌을 만들어야 합니다. 상처나 고통에 내재된 부정성으로부터 자유로워야 합니다. **사랑에 빠진다**는 것은 이들에게 어쩌면 너무 고통스럽고 부정적인 것일 수 있습니다. 하지만 바로 이러한 부정적 특성이 사랑을 만듭니다. 사랑은 우리의 주도성 덕분에 가능한 것이 아닙니다. 사랑은 우리를 공격하고 상처 입힙니다. 사랑은 상처를 전제합니다. **'할 수 있음'**이 지배한 성과사회, 즉 모든 것이 주도성과 프로젝트에 잠식당한 성과사회는 상처와 열정의 형태를 띤 진정한 사랑에는 접근할 수 없습니다.

오늘날 우리는 모든 것을 내 마음대로 이용 가능한 것으로 만들고 싶어 합니다. 욕구는 즉시 충족되어야 합니다. 즉각적인 이용 가능성과 즉각적인 욕구 충족은 에로스를, 타자에 대한 에로스적 열망을 사라지게 만듭니다. 레비나스는 스킨십과 쾌락도 에로스적 열망의 형상이라고 말했습니다. '마음대로 이용 가능하지 않음'은 스킨십과 쾌락에 해당되는 말입니다. 레비나스가 말했듯 '스킨십'은 곧 "멀어지는 것과 노는 것"입니다.[+] 마음대로 이용 가능하지 않은 대상과 노는 것을 말합니다. 욕구 충족이나 즐김, 성과에 지나지 않는 오늘날의 사랑은 에로스와 타자의 욕망을 구성하는 '타자의 결핍'과는 조화될 수 없습니다. 소비사회는 '마음대로 이용할 수 없고 소비될 수 없는 타자'를 향한 욕망은 없애버립니다. 타자인 '당신'은 마음대로 이용할 수 있는 상태나 소비와는 무관합니다. 결핍과 이용 불가능성에 내재된 부정성만이 '당신'

[+] Emmanuel Lévinas, *Totalité et Infini*(Springer, 1981).《전체성과 무한》(그린비, 2018).

으로서의 타자로 하여금 '그것'이 되어버리지 않도록, 소비의 대상으로 격하되지 않도록 보호해줍니다.

우리가 더 이상 타자와 접촉할 수 없게 된 것은 극적인 일입니다. 유명한 의사이자 철학자인 빅토르 폰 바이체커Viktor von Weizsäcker는 치유의 근원적 장면을 이렇게 쓰고 있습니다.

> 소녀는 어린 동생이 고통스러워하는 것을 보며 모든 지식을 뒤로하고 한 가지 방법을 찾는다. 아파하는 곳을 **쓰다듬어주는 것**이다. 그렇게 어린 사마리아 소녀는 최초의 의사가 된다. 근원적 효과에 대한 선지식Vorwissen이 그녀에게 무의식 중에 있었으며, 그것이 그녀로 하여금 손을 움직여 접촉하여 치유를 이끌어낸 것이다. 남매가 서로를 직접 경험하는 가운데 손은 실질적인 긍정적 효과를 냈다. 동생과 동생의 통증 사이에서 소녀의 손에 의해 '쓰다듬어짐'의 감각이 들어가게 되며, 그에 따라 고통은 이 새로운 감각에 밀려 물러나기 때문이다.[+]

타자를 어루만지는 손은 치유력이 있습니다. 그러한 손

은 고통을 완화시킵니다. 타자와의 신체적 접촉은 분명 치유력이 있습니다. 서구 사회에는 만성통증이 지배적입니다. 서양 사람들의 70~75퍼센트가 만성통증에 시달린다고 합니다. 늘 어딘가가 아프다는 뜻입니다. 모든 사람이 어떤 식으로든 어딘가에서 통증을 겪습니다. 철학적 관점에서 보자면, 우리가 더 이상 접촉하지 않는, 접촉이 부재한 사회에 살고 있기 때문인지도 모릅니다. 이러한 사회는 만성통증을 야기합니다.

팬데믹의 한가운데에서 모두가 악수하기를 피하고 있을 때, 저는 횔덜린의 작품을 읽다가 독일의 가장 중요한 시인 파울 첼란Paul Celan의 신비로운 서신에서 다음 문장을 발견했습니다. "진짜 손만이 진짜 시를 쓴다. 악수와 시 사이에는 근본적으로 아무런 차이가 없다."* 무슨 뜻일까요? '진짜 손'은 무엇으로 만들어졌을까요? '진짜 손'은 "인간, 즉 그의 목소리로, 고유하고 필멸하는 영적 존

+   Viktor von Weizsäcker, *Escritos de Antropología Médica*(Libros del Zorzal, 2009).

*   Paul Celan, "Brief an Hans Bender", *Paul Celan: Gesammelte Werke. Volume 3.*(Suhr-kamp Verlag, 1983). 《파울 첼란 전집 3》(문학동네, 2020). 이하 인용문도 같은 책.

재에게 속한다"고 첼란은 말합니다. 진짜 손은 침묵 속에서 길을 찾습니다. 어디를 향할까요? 상대방을 향해? 신체 접촉을 향해? 상대방과의 신체적 접촉이 손의 진실을 불러일으키는 것일까요? 그는 "시 또한 선물"이라고 덧붙입니다. 선물은 상대방을 향하는 속성을 가지고 있습니다. 우리는 손으로 상대방에게 선물을 전합니다. 악수와 시의 차이는 없으며, 악수는 선물입니다. 첼란이 보기에 오늘날 우리는 시도 없고 신체적 접촉도 없는 어두운 시대에 살고 있습니다. 아시다시피 현대인들은 시를 거의 읽지 않는데, 그것은 타자성이 남아 있지 않기 때문입니다. 오늘날에는 타자를 열망하는 시가 없다고 말할 수도 있습니다. 모든 것을 가능하게 하는 정보만 존재할 뿐입니다.

"악수와 시 사이에 근본적인 차이는 없다"라는 파울 첼란의 말은 그의 시학을 압축해서 보여줍니다. 게오르크 뷔히너상을 수상할 때 한 유명한 연설에서 그는 이렇게 말했습니다. "시는 타자를 향해 가고 싶어 하고, 타자를 필요로 하며, 상대방을 필요로 한다. 시는 그 타자를 찾고 타자에게 말을 건다. 모든 사물, 모든 사람은 타자를 향하여 나아가는 시에게 있어 타자의 형상이다." 시는 악수, 타자와의 접촉, 타자의 호출, 즉 '당신'에서부터 살아 숨쉬기 시작합니다. 파울 첼란은 이렇게도 말했습니다. "시에 대해 생각할 때, 시와 함께 길을 가는 것인가? … 언어가 목소리를 갖는 길이자, 만남이자, 하나의 목소리의 길이 '당신'으로 … 향하는 그러한 길을."

진정한 언어는 정보를 전달하는 매개체 이상입니다. 진정한 손은 물체를 잡거나 특정한 작업을 수행하는 도구 이상입니다. 목적을 가진 수단은 진실에 도달하지 못합니다. 언어는 근본적으로 목소리입니다. 하지만 언어는 타자의 얼굴에서만 그 목소리를 낼 수 있습니다. 내가 타자를 부르는 그 순간에 목소리를 가집니다. 우리는 오늘날 전화도 거의 하지 않고, 텍스트로, 왓츠앱으로 문자만 쓰고 있지 않습니까? 언어는 태초에 말을 걸고 호출하는 형태였습니다. '당신'이란 존재가 언어로 하여금 목소리를 갖게 합니다. 언어가 정보 전달 수단으로 축소되는 곳에서는 타자, 즉 '당신'도 사라진다고 말할 수 있습니다. 오늘날과 같이 모든 것이 소비 가능하고 마음대로 이용 가능해진 곳에서는 '당신'으로서의 진정한 상대방, 즉 타자는 사라집니다.

우리의 필요를 충족시켜주는 소비 대상은 강한 유대감이나 접촉을 허용하지 않습니다. 우리는 오늘날 이러한 '당신', 즉 '타자'를 소비의 광기 속에서 완전히 잃어가고 있습니다. 타자는 소비되고 있습니다. 그 과정에서 우리는 악수가 실제로 시처럼 피부로 느껴지고 무한히 행복하게 해주는 유토피아에서 갈수록 멀어지고 있습니다.

저는 마지막으로 타자는 가까이 머물지만 먼 것을 그 안에 품고 있다고 주장한 파울 첼란의 한 구절을 인용하고 싶습니다. 모순적이지요. 가까우면서 멀다고 하니까요. 먼 것이 없는 가까움은 진정한 가까움이 아니며, 그저 '당신', 즉 타자를 더 이상 만날 수 없는, '거리 없음'의 상태입니다. 가까움에는 먼 것이 전제되어 있습니다. 타자, 그리고 타자를 향한 열망은 이러한 가까운 것과 먼 것의 상호작용을 전제합니다. 먼 것이 없는 가까움은, 말했듯이, 거리 없음, 즉 타자를 소비 가능한 대상으로 전락시키는 '무無거리성'입니다. 먼 것이 없이는, '마음대로 이용할 수 없음'이 없이는, 타자와 타자를 향한 열망, 에로스는 사라지고 맙니다. 에로스가 갖는 이러한 모순은 파울 첼란의 문장에 잘 표현되어 있습니다.

당신은 마치 여기 있지 않은 것처럼 가까이 계시는 군요.[+]

경청해주셔서 감사합니다.

[+] Paul Celan, "Der Tauben weißeste", *Paul Celan: Gesammelte Werke. Volume 1*.(Suhr-kamp Verlag, 1983). 《파울 첼란 전집 1》(문학동네, 2020).

13:42:53

13:42:55

13:43:20

13:46:08

14:01:00

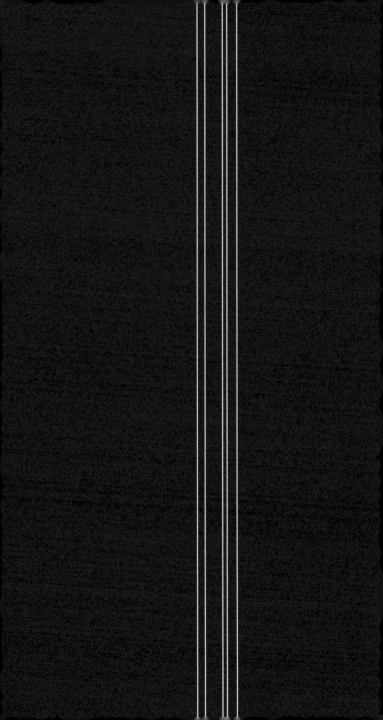

3

희 망

　　　　의

정

　　신

리스본,

2023년 4월 13일

여러분 안녕하십니까. 반갑습니다.

초대해주셔서 감사합니다. 포르투갈가톨릭대학교 인문
과학대학 50주년을 맞이하는 자리에서 강연을 하게 되
어 영광입니다. 오늘 제가 이 자리에 있는 것은 저에게
익숙한 일은 아닙니다. 제가 여행을 잘 하지 않기 때문입
니다. 일 년에 한 번, 많아야 두 번 정도밖에 집을 떠나
지 않습니다. 집에서 대부분의 시간을 보내는데, 방 안에
서는 매일 하루에 스무 번씩 책상과 피아노를 왔다 갔다
합니다. 저는 스타인웨이 피아노를 가지고 있는데요. 요
한 제바스티안 바흐의 〈골드베르크 변주곡〉 아리아를 연
주하며 아침을 시작합니다. 무언가가 잘 생각나지 않을
때마다 이 피아노로 향합니다. 이 피아노는 제가 가장 사

랑하는 연인입니다. 거기 앉아 바흐를 연주하지요. 그러면 제가 생각을 하는 게 아니라 생각이 되어집니다. 사유는 저에게 있어 감사입니다. 피아노를 연주하는 동안에는 저에게 몇몇 멋진 생각들이 찾아오고 그럴 때마다 나지막이 '감사합니다'라고 말합니다. 생각하는 행위는 감사로 이루어져 있습니다. 저는 대부분 책상 앞에 있거나 피아노 앞에 앉는데, 그 주변은 꽃으로 둘러싸여 있습니다. 요즘 목련꽃이 많이 피는데요. 밤이면 베를린을 돌아다니며 예쁜 목련을 땁니다. 그렇게 목련을 가지고 와서 제 방을 목련으로 가득한 정원으로 바꿉니다. 몰래 땄으니 조금 위험한 행동이죠. 경찰관이 밤마다 베를린에서 아름다운 목련을 따는 수상한 저를 잡을 수도 있을 겁니다. 하지만 저는 목련에 둘러싸여 있다면 그저 행복합니다.

저는 꽃향기, 그중에서도 목련 향이 물씬 나는 제 아늑한 방을 잘 떠나려 하지 않습니다. 저를 초대하시려거든, 아마 피아노와 함께 꽃으로 가득한 제 방을 통째로 같이 초대해주셔야 할 겁니다. 하지만 그건 쉽지 않죠. 무엇보다 비용이 많이 들기 때문에 저는 여행을 잘 떠나지 않습니다. 제 방을 통째로 옮겨주신다면 지금보다는 좀 더 자주 여행을 떠날지도 모르겠습니다. 며칠 전 저는 프랑스의 위대한 작곡가 드뷔시가 자신의 꽃으로 가득 둘러싸인 유명한 작업실에서 작곡한다는 사실을 알게 되었습니다. 그는 아침에 일어나서 아름다운 정원으로 향하는 문을 열었습니다. 그의 방 안에는 항상 꽃이 있었습니다. 여름뿐 아니라 겨울에도 있었습니다. 저와 공통점이 있는데, 꽃과는 오래 함께 있을 수 있지만 사람과는 그렇지 못하다는 것입니다. 그렇게 그는 작곡을 하고 저는 생각을 합니다.

어쨌든, 다시 꽃. 저는 정원사입니다. 정원을 가꾼 지는 3년이 되었습니다. 《땅의 예찬》이라는 제 책에서 정원을 가꾸는 일에 관한 개인적인 경험을 담았습니다. '비밀의 정원'이라고 부르는 이 정원을 만들면서 저는 매우 신실해졌습니다. 꽃과 정원 덕분에 매우 종교적인 사람이 되었습니다. 꽃으로 둘러싸인 제 방 밖에서는 아늑하지 않다는 느낌이 들고, 그래서 방을 잘 떠나지 않게 되었습니다. 물론 저와 동행해주는 천사가 있긴 합니다. 이틀 전에는 강연한 극장에서 제가 만든 영화를 상영했습니다. 이 두 시간짜리 영화에 모든 걸 쏟아부어서 다 찍고 나니 돈이 남지 않았습니다. 사랑과 에로스에 관한 영화로 주인공은 역시 꽃입니다. 수국이 주인공이지요. 이 영화를 리스본에서 본다면 수국이 주인공인 영화를 보게 되는 건데요. 흥미롭지 않으신가요?

저에게는 천사가 동행한다고 말씀드렸지요. 제가 포르투에서 머무는 호텔은 꽃을 뜻하는 '플로레스'라는 이름의 거리에 위치해 있습니다. 그 호텔 이름도 말씀드려야 할 것 같습니다. 포르투에 가시게 되면 이 호텔을 가보시면 좋겠습니다. 정말 아름다운 호텔입니다. 호텔 이름 역시 '플로레스'거든요. 꽃으로 둘러싸인 제 방, 저의 아늑한 보호처는 떠나왔지만, 저의 천사가 포르투에서도 꽃에 둘러싸여 있게 해주었습니다.

저는 가톨릭 신자이고 철학 말고도 가톨릭 신학을 대학에서 전공했기 때문에 감회가 새롭습니다. 저도 제로니무스 수도원[+]의 수도사가 될 수 있다면 좋았을텐데요. 그러면 성직자로서 설교를 할 수 있었을 겁니다. 성직자도 아니면서 설교를 해서 죄송합니다. 오늘 철학 강연을

[+]   리스본 항구 입구에 있는 수도원으로 1502년에 건축되었다. 포르투갈 예술의 백미로 꼽힌다.

들으러 오셨지만, 이 또한 일종의 설교이니까요. 비록 성직자가 되는 대신 철학자가 되기는 했지만, 저는 성직자의 삶도 살고 싶었습니다. 연인의 이름이 '스타인웨이'이고 꽃에 둘러싸여 지낼 수만 있다면 성직자의 삶과 다를 바 없겠지요. 성직자가 아니라면 마술사나 마법사와 같이 사람들을 매혹시키는 직업을 가졌을지도 모릅니다. 오늘날 우리에게는 마법 같은 일이 너무 없잖아요. 저는 마법, 비밀, 매혹을 좋아합니다. 테오도르 아도르노는 그의 가장 친한 친구인 발터 벤야민을 마법사로 묘사했습니다. 높은 실크해트를 쓰고 마법 지팡이를 든 모습으로요. 마법 지팡이로 세상을 더 나은 곳으로 바꿀 수 있다면 얼마나 좋을까요.

저는 철학자란 결국 마술사이자 매혹하는 사람이라고 생각합니다. 실제로 플라톤의 대화편 《향연》에서 소크라테스는 사티로스 마르시아스Satyr Marsyas*와 비교된 바 있습니다. 마르시아스는 사람들을 플루트 연주로 매혹합니다. 소크라테스의 제자 알키비아데스Alkibiades는 심포지엄 대담에서 소크라테스에게 말했습니다. 소크라

---

*　　그리스신화에 등장하는 숲의 정령.

테스가 언어의 힘으로 사람들을 마법에 걸리게 만들고 매혹한다고요. 결국 소크라테스는 사람들을 타락시켰다는 이유로 사형을 선고받았습니다. 저는 언젠가 최고의 인공지능을 갖춘 한 슈퍼컴퓨터와 소통할 기회가 있었고, 그때 저는 이런 질문을 던졌습니다. "철학은 마법인가?" 그랬더니 슈퍼컴퓨터는 이렇게 답했습니다. "아니요. 철학은 마법이 아니라 학문입니다." 최고의 인공지능이 어색한 목소리로 내놓은 답변이었습니다. 이게 무슨 답변이란 말입니까? **과학**은 정말 바보 같습니다! 인공지능은 생각이라는 걸 할 수 없습니다. 생각은 몸으로 하는 것입니다. 감정과 느낌으로, 죽음의 유한성을 통해서야 생각할 수 있는 것입니다. 그렇지 않습니까? 하지만 몸도 없고 감정도 없다면! 저는 항상 최초의 **사유이미지** Denkbild를 '닭살Gänsehaut'이라고 말합니다. 닭살, 즉 소름 돋는 게 가능한 인공지능을 개발하면 아마 노벨상을 받을 것입니다.

제가 마법사라면 얼마나 좋았을까요. 쓰고 있던 높은 실크해트 속에서 세계 평화, 사랑, 우정, 친절을 마법으로 펼쳐놓을 수 있다면 얼마나 좋을까요. 제 목표입니다. 실크해트에서 사랑, 우정, 결속을 마법으로 불러내는 것이지요. 저는 철학자지만 마법사가 되려고 노력합니다. 롤모델이 되어주는 유일한 마법사가 있습니다. 바로 발터 벤야민입니다. 저는 발터 벤야민을 정말 좋아합니다. 두 팔 벌려 안아보고 싶은 유일한 철학자입니다. 마치 저의 형제 같습니다. 발터 벤야민을 꼭 읽어보셔야 합니다. 특히 그의 책 중 《사유이미지》나 《1900년경 베를린의 유년시절》은 현재까지 쓰여진 어떤 것보다도 아름다운 최고의 철학 산문입니다. 그런 그가 나치의 박해를 피해서 망명을 시도하다가 스스로 목숨을 끊어야 했다니 얼마나 끔찍합니까. 그 극적인 날들, 정말 끔찍합니다.

배를 타고 미국으로 망명하려고 탈주한 유대인들에게는 마르세유에서 더 이상 나아갈 곳이 없었습니다. 그러던 어느 날 밤, 발터 벤야민은 망명을 도와줄 사람의 집을 찾아갔습니다. 벤야민은 감옥에 갇혔을 때 한 남자를 만났는데, 유대인이었던 그 남자의 아내가 다른 유대인들의 망명을 도와주고 있었습니다. 벤야민은 그 집의 문을 두드렸고 그녀는 스페인 국경을 넘어 프랑스로 가는 길을 동행했습니다. 그녀는 나중에 발터 벤야민과 함께 겪은 모든 극적인 경험을 기록해 책으로 출간했습니다. 이 책은 꼭 읽어보시면 좋겠습니다. 특히 벤야민이 마르세유에서 프랑스 국경을 넘는 과정이 매우 잘 기록되어 있습니다.[+] 정말 가슴 아픈 이야기가 아닐 수 없습니다. 그는 당시에 건강이 좋지 않은 상태였습니다. 심장이 좋지 않았음에도 불구하고 '아케이드 프로젝트Passagenwerk'[*]를 완성하고 싶었던 그는 원고와 무거운 서류 가방을 들고 다녔습니다. 그렇게 안 좋은 몸으로 프랑스로 가는 산을 넘어야 했는데 결국 해내지 못했습니다. 절반밖에 가지 못했지요. 그의 곁에는 동행자 두 명이 있었는데, 한 명은 화가, 다른 한 명은 그 화가의 아이였습니다. 화가와 아이는 벤야민이 더 이상 갈 수 없었기 때문에 다시 돌아가야만 했습니다. 벤야민은 마지막 밤을 숲속에서 보냈습니다. 숲속에서 말이지요. 혼자 남은 벤야민은 그대로 잠이 들었습니다. 그의 마지막 잠이자 마지막 밤이었습니다. 다음 날 아침, 화가와 아이가 그가 있던 곳으

[+] 벤야민을 비롯한 유대인들의 망명을 도운 여성은 리자 피트코Lisa Fittko로, 그녀는 그 기록을 담아 *Mein Weg über die Pyrenäen*(dtv Verlagsgesellschaft mbH & Co. KG, 2004)를 출간했다.

[*] '아케이드 프로젝트' 또는 '파사주'로 번역한다. 국내에는 《아케이드 프로젝트》(전 2권, 새물결, 2005/2006)라는 제목으로 출간되었다.

로 돌아왔습니다. 그들은 함께 스페인으로 향하는 국경을 넘다가 모두 경찰에 붙잡혔습니다. 그들은 독일로 송환되어 유대인 강제수용소로 이송되어야 했습니다. 출구 없는 절망 속에서 그는 스스로 목숨을 끊었습니다.

저는 영화 제작자들을 모시고 이 극적인 날들에 대한 강연을 하고 싶었습니다. 벤야민의 마지막 날을 그리는 영화를 만들고 싶기 때문입니다. '마지막 잠Der letzte Schlaf' 또는 '마지막 밤Die letzte Nacht'이란 제목으로 말이지요. 그는 마지막 밤에 꿈을 꿉니다. 자신의 삶이 다시 눈앞에 펼쳐지는 꿈속으로 들어갑니다. 저는 벤야민을 너무 좋아한 나머지 그에 관한 영화가 만들어지기를 고대했습니다. 그래서 스페인으로의 극적인 망명길에 있는 벤야민을 다시 보고 싶었습니다. 벤야민은 스페인을 지나 포르투갈로 갔다가, 거기서 다시 미국으로 갈 계획이었습니다. 비자도 가지고 있었습니다. 하지만 성공하지 못했지요. '아케이드 프로젝트'의 원고들, 이 소중한 원고들은 사라졌습니다. 경찰은 벤야민이 가방과 원고를 가지고 있었다고 기록했지만 어디로 사라졌는지 모릅니다. 이런 보물이 사라졌다니 너무 가슴이 아픕니다. 그를 죽게 한 것은 누구일까요? 네, 우리 모두입니다. 독일인이 그를 죽게 했고 나치가 그를 죽게 했습니다. 스페인에서 여행을 계속할 수 있도록 길을 내주었다면 스스로 목숨을 끊지 않을 수도 있었습니다.

성직자의 삶은 매우 행복할 거라고 말씀드렸지요. 그 이유는 부패하지 않은 이상적인 성직자는 초월한 삶을 살기 때문입니다. 소비사회이자 성과사회를 살아가는 우리는 초월성을 잃어버렸습니다. 초월성은 비현실적이라고 여겨지기 때문입니다. 초월성은 소비, 성과, 생산의 내재적 특성들과 양립할 수 없습니다. 신은 소비행위를 하지 않지요. 생산행위도 하지 않습니다. 신의 창조는 성과가 아니라 사랑의 행위입니다. 우리는 오늘날 생산과 소비 안에서 근근이 연명하는 삶을 살 뿐입니다. 초월성 없는 삶은 욕구를 그때그때 충족하는 삶으로 축소합니다. 그러한 소비주의적인 삶, 초월성이 없는 삶은 행복 없는 삶이자, 부족하고 궁핍하고 가난하고 힘을 잃어 위축된 삶입니다. 이는 인간의 삶이라고 할 수 없고 그저 가축의 떼와 같은 삶일 뿐입니다. 오늘날 우리는 모두 가축이 되었습니다. 소비의 떼, 커뮤니케이션의 떼, 데이터의 떼, 정보의 떼 등등.

이곳에서 50주년 기념 강연을 할 수 있게 되어 정말 기뻤습니다. 독일어로 '기념일'을 뜻하는 단어 '유빌레움Jubiläum'은 라틴어 '유빌라레iubilare'에서 유래했습니다. 포르투갈어로는 '주빌레우jubileu'입니다. 영어로는 '주빌리jubilee'이지요. 이 세 단어는 모두 같은 어원을 가지고 있습니다. 라틴어 '유빌라레'는 '환호하다' '축제를 하다' '기뻐 소리치다'라는 뜻을 가지고 있습니다. 과연 우리는 월드컵 축구 경기에서 이겼을 때 말고 기뻐 소리치며 환호하는 때가 있는지 의문입니다. 우리는 기뻐하며 소리치고 환호하는 법을 잊은 것 같습니다. 우리가 아직 축제를 즐기고 축제의 분위기를 누릴 수 있는지 의문입니다.

저는 라이너 마리아 릴케Rainer Maria Rilke를 좋아합니다. 정원에서 일하면서 아름다움을 칭송하는 법을 배웠습니다. 릴케의 시를 많이 읽었습니다. 저는 괴팍한 교수인데요. 한 수업 시간에 장미에 관한 릴케의 시를 낭독했습니다. 저에게나 좋지, 다른 사람들에겐 좋지 않을 수 있는데 말입니다. 강의를 들은 한 음대 학생이 강의평가서에 이렇게 썼더군요. "낭비할 시간 없음. 음악 연습하기도 바쁨." 이게 대학의 현주소입니다. 아마 다른 대학은 다를 거라고 하시겠지요. 대학이 정신을 몰아내고 있습니다.[+] 예술대학이 예술을 몰아내고 있습니다. 인문학이 인문을 몰아내고 있습니다. 대학은 생각할 줄 모르는 사람을 생각할 수 있도록 훈련시켜야 합니다. 가톨릭대학은 학생들이 성직자가 되도록 훈련시켜야 합니다. 그래야 그들에게 미래가 있습니다.

기쁨과 **찬양**은 고양된 존재감에서 비롯됩니다. 아우구스티누스Aurelius Augustinus의 《신국론》에는 안식일을 맞이하여 신성한 존재의 충만함에 대한 찬미의 언어가 흘러나옵니다. 아우구스티누스의 말을 인용하자면, 안식일은 '영원한'[*] 신의 나라를 약속합니다. 영원한 하늘의 왕국에서 사람들은 무엇을 할까요? 아우구스티누스는 기뻐 환호하며 이렇게 말합니다. "거기서는 매우 한가로울 것이다vacabimus." "영원 속에서in ætérno." "그리고 보리라, 보리라videbimus, videbimus." "사랑하리라, 사랑하리라 amabimus, amabimus." 또한 "찬미하리라laudabimus." "그

<hr>

[+] 독일어로 인문학은 Geisteswissenschaft로, 직역하면 '정신의 학문'이다.

[*] 원문은 "das Gottesreich, das kein Ende hat"으로 '시간적으로 끝이 없음'으로 해석할 수 있다.

날이." 아우구스티누스는 환호하며 말합니다. "그날이 바로 끝없는 마지막 날이 될 것이다."

축제의 느낌은 고양된 존재감입니다. 소비사회와 성과사회에서 우리는 더 이상 축제의 기분을 알지 못합니다. 오늘날 우리에게 고양된 존재감과 환희의 감정을 가질 능력이 있습니까? 기념일은 축하할 줄 압니다. 하지만 진심으로 환호하고 자랑하며 외치나요? 축제의 시간은 노동의 시간, 즉 신성하지 않은 일상의 시간을 방해하는 시간입니다. 평범한 시간은 그저 지나가고 흘러나가고 새어나가다가 죽음에 이릅니다. 이게 바로 축제의 시간과 일상의 평범한 노동시간의 차이입니다. 축제의 시간은 고조된 시간입니다. '고양된 시간'에 해당하는 독일어 '호흐-차이트Hoch-Zeit'는 포르투갈어나 영어로는 번역어가 없는 것 같습니다. 고조된 시간, 즉 결혼같이 초월성이 번쩍이는 시간입니다. 고양된 시간, 축제의 시간에는 시간이 흐르지 않습니다. 축제의 시간은 흘러가버린 시간을 다시 채웁니다. 우리는 이때, 멈춰선 시간, 즉 '영원'을 경험합니다.

축제는 노동시간에 해당하는 세속적인pro-fan[+](말 그대로 성스러운 구역 앞에 놓인) 시간이 끝나는 곳에서 시작됩니다. 이러한 축제는 성스러움을 전제합니다. 축제의 고양된 시간에는 성직이 수여됩니다. 신성한 것과 세속적인 것을 나누는 모든 성스러움이 없어진다면, 일상적이고 지나가버리는 찰나의 시간만이 남을 것이며, 노동시간으로 착취되고 말 것입니다. 오늘날 고양된 시간은 노동시간에 자리를 내주며 완전히 사라졌습니다. 휴식시간조차도 노동시간에서 자유롭지 못한 채 그 안에서 이루어집니다. 휴식시간은 노동 중 잠시 쉬고 나서 더 잘 기능하기 위한 것이기 때문입니다. 고양된 시간은 꽉 채우거나 아니면 완전히 비워지거나 둘 중 하나인 텅 빈 노동시간과 달리 충만한 시간입니다.

축제는 노동을 중단시킵니다. 노동은 사람들을 서로 떼어놓고 고립시킵니다. 일과 성과의 절대화는 공존재das Mitsein[*]로서의 존재das Sein를 해체합니다. 오늘 여기 모인 우리 모두는 기념일을 축하하기 위해 모였습니다. 축

[+]　독일어로 profan은 성스러움이 없는 평범한 일상적인 것을 말하나 여기서는 'pro-fan'으로 쓰였다. 성스러운 것에 해당하는 'fan'의 앞pro-에 위치한 시간을 말한다.

130

제는 이렇듯 공동체를 만듭니다. 우리가 모인 것처럼 말이지요. 축제는 사람들을 한데 모으고 연결시켜줍니다. 축제의 느낌은 항상 공동체의 느낌, '우리'의 느낌입니다. 축제는 함께함, 그것도 완전한 형태를 띤 함께함입니다.

이러한 관점에서 볼 때 오늘날에는 축제가 없습니다. 하지만 우리는 축제를 시도할 수 있고 축제의 느낌을 내보려고 노력할 수 있습니다. 오늘날 우리는 축제가 없는 시간을 살아가고 있습니다. 우리는 언어에서 축제가 무엇인가에 대한 단서를 얻을 수 있습니다. 독일어로는 이렇게 표현합니다. '비어 베게헨 아인 페스트Wir begehen ein Fest'로 '우리는 축제를 벌인다'라는 뜻입니다. '베게헨begehen'은 '벌이다' '치르다'라는 뜻으로, 축제의 특별한 시간성을 나타냅니다. 이 단어는 어딘가로 가야 하는 목표 지점에 대한 생각을 없애줍니다. '베게헨'을 하고 있다면, 그건 어딘가에 도달하기 위해 가야 할 필요가 없다는 뜻이기도 합니다. 축제에서는 연속적으로 흘러가버리는 순간으로 이루어진, 소멸로서의 시간 개념과는 다른

＊   하이데거가 사용한 용어로 공동존재라고도 한다. 타자와 함께 있다는 의미다.

방식의 시간이 존재합니다. 축제를 '치른다begehen'고 하면, 아무것도 사라지지 않는 공간, 머물고 있는 공간을 치르는 것과 같습니다. 이때, 시간은 흐르지 않습니다. 초월할 때 비로소 빛이 납니다. 우리는 반짝임 속에 존재합니다. 반짝임. 저는 이 단어를 좋아합니다. 저는 반짝임에 관한 책을 쓰고 싶었습니다. 축제의 시간은 어떤 점에서 볼 때 영원합니다. 시간의 덧없음이 사라지기 때문입니다. 축제의 시간은 흘러가지 않는 시간, 우리가 '영원'이라고 부르는 시간입니다.

헝가리의 저명한 고전문헌학자이자 종교학자인 카를 케레니Karl Kerényi는 이렇게 말했습니다.

> 인간적 노력과 익숙한 의무의 이행은 축제가 아니다. 그러한 비-축제적인 관점을 가지고는 축제를 기념하지도 이해하지도 못할 것이다. 불가능한 것을 가능하게 만드는 신성한 무엇인가가 더해져야 한다. 그러면 모든 것이 '최초의 날처럼' 빛나고 새로우며 '처음'인 차원으로, 신들과 함께 있고 스스로도 신성해지는 차원으로, 창조의 숨결이 바람처럼 불고 창조에 직접 참여하는 차원으로 고양된다. 그것이 축

소비사회이자 성과사회를 살아가는
우리는 초월성을 잃어버렸습니다.
신은 소비행위를 하지 않지요.
생산행위도 하지 않습니다. 신의 창조는
성과가 아니라 사랑의 행위입니다.
우리는 오늘날 근근이 연명할 뿐입니다.
이는 가축의 떼와 같은 삶일 뿐입니다.

제의 본질이다.[+]

축제를 맞이하여, 우주를 맞이하여 우리가 신성해질 수 있다니, 얼마나 멋진 일입니까. 하지만 우리는 더 이상 신성하지 않고 신이 아니며 노예이자 가축이 되어버렸습니다. 성과의 가축, 정보의 가축이 된 채 스마트폰으로 가득한 현실이 참으로 슬픕니다. 이것은 매우 슬픈 문제입니다. 우리는 더 이상 신성함이 존재하지 않는 지옥에서 살고 있습니다. 우리는 신이 되어볼 수도 있었고 신성할 수도 있었는데 말입니다.

그 축제는, 다시 케레니의 말로 돌아가면, 신들과 함께하는 곳이자 스스로 신성해지는 장소 또는 그러한 이벤트입니다. 우리는 축제 안에서 신성해집니다. 그러나 우리는 우리 자신을 불쌍한 가축으로 만들어버리는 성과, 생산, 소통을 위해 축제를 포기해버렸습니다. 가축은 노예가 아닙니다. 노예는 반란이라도 일으킬 수 있지요. 그러나 가축은 아닙니다. 가축은 울타리 안에서만 먹이를 찾기 때문에 울타리를 벗어나지 않습니다. 우리는 디지털

[+]   Karl Kerényi, *Die Antike Religion*(1943).

울타리 안에서 살고 있고, 데이터와 소통의 가축이 되어 '좋아요'라는 한 단어만 알고 삽니다. 슬픈 일입니다.

이제 우리는 더 이상 신성함과 관련이 없습니다. 우리는 일하고 생산하고 소비합니다. 거기에는 초월도 신성함도 없습니다. 모르겠습니다. 우리가 만약 신들이 참여하는 진정한 축제를 갈망한다면 얼마나 좋을까 싶습니다만, 하지만 오늘 이곳에 신이 있습니까? 저와 동행하는 천사는 여기에 있습니다. 저에겐 저를 지켜줄 천사가 있습니다. 그렇지 않으면 저는 무너질 겁니다.

오늘날에도 축제가 가능하긴 할까요? 요즘은 축제 대신 이벤트만 있습니다. 이벤트의 시간성은 고양된 시간도, 시간을 초월한 머무름의 시간도 아닙니다. 이벤트라는 말은 라틴어 '에벤투스eventus'에서 유래했습니다. '갑자기 나타난다'는 뜻입니다. 이것이 갖는 시간적 성격은 우연성입니다. '우연히'를 뜻하는 독일어 단어 '에벤투엘eventuell' 그리고 영어 단어 '이벤트event'는 둘 다 라틴어 '에벤투스'에서 유래했습니다. 우연성은 오늘날 사회의 시간성, 그리고 모든 묶고 연결하는 것을 잃어버린 우리의 행동이 갖는 시간성입니다. 축제에서는 머무를 수 있지만, 이벤트에서는 머무를 수 없습니다. 제가 고양된 시간이라고 부르는 축제의 시간은 우연성과는 거리가 멉니다.

축제의 시간은 고양된 시간으로, 고유한 시간과 고유한 리듬을 가지고 있기 때문에 가속될 수 없습니다. 축제의 시간은 곧 서사의 시간입니다. 반면에 노동시간은 단순한 누적의 시간입니다. 서사와 달리 단순한 누적은 제한 없는 가속을 허용하며, 이러한 가속이 생산을 증대시키고 자본을 축적합니다. 그것이 자본주의가 작동하는 방식입니다.

창조에 참여하는 것, 스스로 신성해지는 것, 신성한 것에 참여하는 것, 이것이 바로 축제의 본질입니다. 생산이 총체화된 오늘날의 삶은 생명이 절대적으로 위축되어가는 단계에 해당합니다. 우리는 마침내 그 신성한 현존재와 초월성을 상실했음을 인정해야만 합니다. 축제는 생산과도 노동과도 반대됩니다. 축제는 생산보다는 지출과 소모에 가깝습니다.

생산이 일어나는 모든 곳에서 우리는 신들과 함께 있지 않으며 스스로 신성하지도 않습니다. 신들은 생산을 하지 않습니다. 신들은 노동도 하지 않습니다. 신들은 소비도 하지 않습니다. 우리는 어쩌면 이제는 노동과 성과의 노예로 살아가는 대신, 그러한 신성함, 신성한 축제를 다시 회복해야 할지 모릅니다. 우리가 오늘날 노동, 성과, 생산을 절대적 가치로 삼음으로써 그러한 축제성, 축제의 성격을 지닌 고양된 시간을 잃어버렸다는 사실을 정말로 인식해야 합니다. 오늘날 절대적인 것으로 여겨지는 노동시간은 축제의 시간인 고양된 시간을 파괴합니다.

지루함과 분주함 사이를 오가면서 비워지면 다시 채워야 하는 텅 빈 시간인 노동시간과 반대로, 고양된 시간은 이미 충족된 시간입니다. 시간 때우기와 분주한 활동은 노동시간에만 발생합니다. 축제의 느낌은 삶의 강렬함을 전제합니다. 그러나 오늘날의 삶은 이러한 강렬함을 잃어가고 있습니다. 축제는 강렬하고 남아돌며 흘러넘치는 삶의 발현과도 같습니다. 삶의 강렬함은 오늘날 완전히 사라져가고 있습니다. 소비와 생산에 삶의 자리를 내주면서 말입니다.

오늘 강연의 제목은 '희망의 정신'입니다. 아직 희망에 대해서는 이야기하지 않았는데, 오래 기다리셨습니다.

희망은 초월성, 신성, 믿음, 사랑과 깊은 관련이 있기 때문에, 축제와 고양된 시간을 경유하는 우회로를 만들어야 했습니다.

축제가 없는 시간은 희망이 없는 시간이기도 합니다. 오늘날 초월성이 전체적으로 소비, 생산, 소통의 내재적 특성에 자리를 빼앗겼다고 말씀드렸습니다. 희망은 생산하지 않습니다. 희망은 아직 존재하지 않는 것과 이전에 있었던 적 없는 것, 그리고 아직 태어나지 않은 것을 향해 있습니다. 〈로마서〉에서 바울은 말했습니다(저는 〈로마서〉의 바울을 참 좋아합니다. 철학을 공부하신다면 《성서》를 읽으시길 추천합니다). "보이는 소망은 소망이 아닙니다. 보이는 것을 누가 바라겠습니까?"[+] 바울의 지혜는 무엇인가요? 희망의 양식은 '아직–아님Noch-Nicht'입니다. 희망은 앞으로 도래할 것, 가능한 것, 새로운 것을 향해 열립니다. 희망은 우리로 하여금 이미 주어진 것, 이미 보여진 것, 그리고 무엇보다도 기존의 나쁜 것을 넘어서게 하는 정신의 태도이자 정신의 기분Geistesstimmung입니다.

[+] 《새번역성경》, 〈로마서〉 8장 24절.

프랑스 철학자 가브리엘 마르셀Gabriel Marcel은 요즘 잘 읽히지 않지만, 특히 가톨릭대학에서는 가브리엘 마르셀을 읽어야 합니다. 마르셀은 희망의 철학자입니다. 실존주의자이지만 기독교적 실존주의자이고 희망의 철학자이기 때문에 사르트르와 카뮈와는 다릅니다. 마르셀은 희망에 관한 책을 한 권 썼는데 현상학적 희망에 관한 것입니다.[*] 이 책이 새로운 판본으로 출간되었는데 읽어 보시길 권합니다. 가브리엘 마르셀은, 희망은 '완성되어가고 있는 경험의 직물'로 '아직 완료되지 않은 모험'으로 엮여 들어간다고 말했습니다. 그의 멋진 표현에 따르면, **희망한다는 것**은 '현실에 신용을 부여'하는 것을 의미합니다. 현실에 신용을 부여한다니, 얼마나 아름다운 표현입니까. 희망에 대한 가장 아름다운 정의입니다. 현실에 믿음을 거는 것, 그럼으로써 현실이 미래의 약속이 되게 하는 것이 바로 희망하는 행위입니다. 그것은 우리로 하여금 미래를 믿는 사람이 되게 합니다.

가장 강하게 경험되는 희망은 초월성에 자리 잡고 있습

---

[*]   Gabriel Marcel, *Der Mensch ALS Homo Viator*(Karl-Alber-Verlag, 2021).

니다. 바츨라프 하벨Václav Havel의 글을 읽어드리겠습니다. 그는 공산주의 정권에 맞서 인권을 위해 싸우다가 감옥에서 오랜 시간을 보냈습니다. 작가이면서 훌륭한 철학자이고, 동구권 붕괴 후 체코슬로바키아의 대통령이 되었으며, 감옥에 갇혀 있는 동안 가장 깊은 절망 속에서도 자신의 내면에서 절대적 희망을 느꼈습니다. 그가 쓴 가슴 아픈 서신에서 희망에 관한 자신의 생각을 매우 잘 담아냈습니다. 너무 멋지게 표현하여 여러분께 그대로 읽어드리고 싶습니다. 그는 희망을 그것의 본질 안에서 정의했습니다. 그의 말은 희망을 표현하는 가장 적절한 말이었습니다. 서신을 읽어드리겠습니다.

"먼저 말하고자 하는 것은, 내가 매우 자주 (특히 감옥과 같이 특별히 희망이 없는 상황에서) 생각하는 희망은, 무엇보다 근본적으로 정신의 상태라는 … 것이다. 희망은 … 우리 영혼의 한 차원이며, 그 본질은 세계에 대한 관찰이나 상황에 대한 평가에 의존하지 않는다. 희망은 예측이 아니다. 희망은 즉각적으로 경험되는 세계를 넘어, 먼 곳의 어딘가에 정박되어 있는 정신의 방향이자 마음의 방향이다."[+] 희망은 먼 곳 어딘가 "그 경계 너머에 정박되어 있다. 무언가 원래의 것에서의 단순한 파생, 세계의 어떠한 움직임의 단순한 파생, 또는 그것이 보내는 좋은 신호로는 나는 희망을 설명할 수 없다. 희망이 지닌 깊은 뿌리를 나는 어딘가 초월적인 것에서 느낀다." 네, 희망은 초월적인 것입니다. "깊고 강렬한 이 희망은 일이 잘 되어갈 때 느끼는 만족감이나 조만간 성공할 것이 명백히 느껴지는 회사에 투자하려는 의지 같은 것이 아니다."

오늘날 대학에도 적용되는 말이 아니겠습니까? 기업과 같아진 대학에서 사람들은 신속한 성공을 위해 투자를 해야 하니까요. 그런 대학은 희망의 대학이 아닙니다. 희망의 대학은 아직 태어나지 않은 것, 아직 존재하지 않은 것으로 가는 길 위에 있습니다. 그것이 정신이고 희망입니다. 우리에게는 희망의 대학이 있어야 합니다. 정신을 죽이는 대신에 다시 세계로 태어나게 하는 희망의 대학이 되어야 합니다.

다시 하벨의 글을 읽어드리겠습니다. "이렇게 깊고 강한 희망의 정도는 일이 잘 되어갈 때 느끼는 만족감의 정도

+ Václav Havel, *Briefe an Olga*(Rowohlt Verlag, 1990). 이하 인용문 모두 같은 책.

가 아니며" "오히려 무언가가 좋기 때문에 노력을 기울일 수 있는 우리가 지닌 능력의 정도이고" "그러한 노력은 성공이 보장되었기 때문만은 아니다. 희망을 품기에 상황이 좋지 않으면 않을수록, 그렇게 품은 희망은 깊다. 희망은 낙관주의가 아니다. 잘 될 것이라는 확신이 아니라 어떻게 되든 의미가 있다는 확신이다. 그래서 나는 가장 깊고 가장 중요한 희망, 그 모든 일에도 불구하고 표면에 머무르게 하고 좋은 일을 할 수 있도록 해주는 유일한 희망, 인간 정신의 위대함과 희망과 노력의 유일한 진짜 원천을 초월성의 '다른 어딘가에서' 가져오는 것이라고 생각한다." "그리고 무엇보다 이 희망은 비록 감옥에 있는 것과 같이 외적 조건이 절망적일지라도 살아갈 힘을 주고 항상 새로이 시도할 힘을 주는 것이다."

바츨라프 하벨에게 있어, 희망은 정신의 상태, 즉 '영혼의 차원'입니다. 희망은 '마음의 방향' '정신의 방향'이 되어 올바른 길을 알려줍니다. 희망은 희망이 아니었더라면 방향을 잡을 수 없는 영역으로 사람들을 안내합니다. 하벨은 세상이 가진 내재적 특성 안에서 희망을 찾지 않았습니다. 오히려 그는 희망이 어딘가 다른 곳에서부터, 즉 '먼 곳'에서 온다고 믿었습니다. 하벨이 말했듯, 희망은 그 뿌리를 초월성에 두고 있습니다. 희망은 세계내부적innerweltlich 사물의 흐름Lauf der Dinge으로부터 완전히 독립적일 때⁺ 절대성을 갖습니다. 희망은 어떠한 예측이나 계산과도 무관합니다. 하벨은 본인을 낙관주의자도 비관주의자도 아니라고 말했습니다. 희망은 일이 어떻게 되어가는지와는 무관하기 때문입니다.

그냥 합니다. 그냥 하는 겁니다. 그게 희망입니다. 회사가 얼마나 성공할지 계산하는 게 아니라 그저 하는 겁니다. 그런 우리를 보고 다들 미쳤다고 할 겁니다. 하지만 이게 맞는 겁니다. 해보는 거예요. 희망은 용기를 전제합니다. 믿음을 전제합니다. 희망은 고대로부터 행동과 반대되는 개념으로 다루어졌습니다. 희망하는 사람은 행동하려는 의지가 부족하다고, 결단력 있게 행동하지 못한다고, 현실을 바로 보지 못한다고들 말했습니다. 무엇보다 희망은 환상을 만들어내고, 사람들을 현실과 삶으로부터, '지금 여기'에서 도피하게 만든다고 비판했습니다.

+ 하이데거의 《존재와 시간》에서 현존재인 인간은 '세계 내부'에 존재하는 존재자다. '사물의 흐름'은 세계에서 일어나는 사건들의 흐름을 말한다.

가브리엘 마르셀의 반대 선상에 있는 사람이자 희망의 비판자로 유명한 알베르 카뮈Albert Camus는 이렇게 말합니다. "극도의 회피 … 그것이 바로 희망이다. 다른 삶에 대한 희망 … 또는 삶 자체를 살아가는 게 아니라, 삶을 초월하고 승화하고 삶에 의미를 부여하거나 드러내는 어떤 위대한 관념을 위해 사는 사람들의 속임수다."[+] 그에 의하면, 희망은 체념, 삶의 의지 결여, 삶에 대한 거부와 동일시됩니다. 카뮈의 다른 말을 인용해보겠습니다. "고통받는 인류의 모든 악이 가득한 판도라의 상자에서, 그리스인들은 가장 마지막에 남은 악이자 가장 끔찍한 악으로 희망이 나타나도록 했다. 나는 이보다 더 끔찍한 상징을 들어본 적이 없다. 왜냐하면 희망한다는 것은 결국 포기를 의미하기 때문이다. 아무리 아닌 척하려고 해도 말이다. 산다는 것은 포기하지 않는다는 뜻이다. 그러니 희망하지 말라."

그러나 저는 카뮈에게 반대하고 싶습니다. 도대체 희망이 '회피'한다는, 심지어 '배신'한다고 하는 그 '삶 자체[la]

[+]   Albert Camus, *Le Mythede Sisyphe*(1942). 《시지프 신화》(김영사, 2016). 이하 인용문 모두 같은 책.

vie même'라는 것이 무엇입니까? 삶이라는 게, 단지 영양을 공급하고 양육하는 것, 그저 살기만 하면 되는 것입니까? 어떤 '관념'도 '의미'도 도출되지 않는 '삶 자체'는 생각할 수 있는 것이거나 노력할 수 있는 것일까요? 관념이 없고 의미가 없으면 단순한 생존의 삶으로, 소비의 내재적 특성인 벌거벗은 삶으로 전락합니다. 소비자들은 무언가를 희망하지 않습니다. 소비자들은 충족시킬 욕구와 필요만을 갖습니다. 그들에겐 미래도 필요하지 않습니다. 소비의 현재만을 살아갑니다. 소비가 총체화되는 곳에서 삶은 욕구와 욕구의 충족이라는 현재를 위한 시간으로 축소됩니다. 자본주의는 욕구와 소원을 극대화시키려고 합니다. 그러나 희망은 자본의 논리에 속하지 않습니다. 희망하는 사람은 소비하지 않습니다. 이것이 자본주의에는 문제가 됩니다. 그래서 자본주의는 희망을 파괴하고 우리를 소비의 떼로 만들어버립니다. 하지만 희망은 자본화될 수도 없고 돈으로 환산될 수도 없습니다.

카뮈가 말하는 희망의 개념은 너무 협소합니다. 카뮈는 희망이 가지고 있는 행동의 모든 측면을 부정합니다. 우리로 하여금 행동하도록 하고 새로운 것에 대한 영감을

16:24:47

16:25:57

16:26:29

16:26:58

주는 희망의 능동적 측면을 완전히 간과했습니다. 희망에는 능동적 핵심이 존재합니다. 희망의 정신은 행동에 생기를 불어넣고 날개를 달아줍니다. 독일의 철학자이자 사회심리학자인 에리히 프롬Erich Fromm은 활동적이고 능동적이면서도 결의 있는 희망에 대해 이렇게 말했습니다.

> 희망은 역설적이다. 희망은 아무런 활동 없이 기다리는 것도 아니고 벌어질 수 없는 상황을 억지로 이뤄내려는 비현실적인 갈망도 아니다. 희망은 도약의 순간이 도래했을 때를 위해 웅크리고 있는 호랑이와 같다. … 희망은 아직 태어나지 않은 것에 항상 준비되어 있음을 말한다. … 강렬한 희망을 품은 사람은 새로운 삶의 모든 신호를 바로 알아보고 사랑하며, 앞으로 태어날 것과 태어날 순간을 위해 준비된 사람이다.[+]

희망은 앞을 바라봅니다. 희망은 우리에게 이성이나 이

[+]   Erich Fromm, *The Revolution of Hope*(1968). 《희망의 혁명》 (문예출판사, 2023).

해로는 닿을 수 없는 행동력과 예견력을 갖게 해줍니다. 희망은 미래의 지평선에서 동트듯 떠오르는 아직 존재하지 않는 것, 아직 태어나지 않은 것에 대한 우리의 관심을 첨예하게 만들어줍니다. 희망은 새로운 것이 태어나게 돕는 산파와 같습니다. 희망 없이는 개혁도 혁명도 미래도 없습니다. 희망이 없으면 눈앞의 순간, 현재만이 있을 뿐입니다. 희망이 진화의 원동력이라는 말은 타당합니다. 희망은 삶에 활력을 불어넣는 힘입니다. 희망은 경직과 마비로부터 삶을 보호합니다. 에리히 프롬은 '존재의 상태'로서의 희망이 '내부적 준비 상태', 즉 '강렬하지만 아직 사용되지는 않은 활동 준비 상태'라고 말했습니다. 따라서 희망은 활동하게 하는 내부의 원천입니다. 희망은 우리로 하여금 분주함과 단순한 활동 상태를 뛰어넘어 아직 태어나지 않은 것의 순결함을 만날 수 있게 해줍니다. 희망은 가능한 것, 새로운 것에 열려 있음으로써 우리의 행동과 삶을 새롭게 해줍니다. 그렇게 희망은 미래를 만들어갑니다.

우리는 미래의 두 형태, '퓌튀르futur'와 '아브니르avenir'를 구분해야 합니다. 둘 다 프랑스어인데요. '퓌튀르'는 시간의 연속으로서 '내일' '다음 달' '내년' 등을 말합니다. '퓌튀르'로서의 미래는 예측과 계획이 가능합니다. 그런 미래는 관리할 수 있고 최적화할 수 있습니다. '아브니르'로서의 미래는 전혀 예상치 못한 채 발생하고 맞닥뜨리는 사건과 관련되어 있습니다. '퓌튀르'보다 더 많은 옵션이 담겨 있는 개념입니다. '아브니르'는 가능한 세계들을 지평선에 나타나게 만듭니다. 언제 만날지 예상할 수 없는 타자의 도래이고, 따라서 예측 불가능합니다. '아브니르'는 손안에 두고 처리할 수 없다는 것이 특징입니다. 예상이 불가능합니다. 이것이 진정한 미래입니다.

기독교에서 말하는 희망은 믿음과 사랑의 초월성에 자리하고 있습니다. 독일의 저명한 신학자 위르겐 몰트만 Jürgen Moltmann은 말했습니다.

> 기독교의 희망은 부활하신 그리스도의 하나님에 의한 모든 사물의 새 창조, 궁극적인 새로움novum ultimum을 향해 있다. 따라서 이 희망은 죽음까지도 포괄하는 미래 지평을 열어낸다. 그 안에서 새로운 삶을 살고 싶어 하는 다른 희망들을 각성시키고 상대화하고 정돈할 수 있고 또 그래야만 하는 것이다.[+]

희망은 '창조'의 힘을 가지고 있는 것이지, '창의'의 힘을 가지고 있는 것이 아닙니다. 창의성은 오히려 창조성을 죽입니다. 창의성을 없애야 창조에 가까이 갈 수 있습니다. 창의성은 자본주의가 창조를 위한 인간의 힘을 자기 것으로 만들어버린 것입니다. 창의성은 창조할 힘을 빼앗고 신성함을 빼앗습니다. 어디서나 이야기하는 창의성은 버리고 신성한 창조에 다시금 가까이 갈 수 있어야 합니다. 이러한 창의성은 신의 창조물마저 착취하려는 자본주의의 책략입니다. 제가 싫어하는 두 단어를 꼽으라면, 바로 창의성과 프로젝트입니다.

희망, 사랑, 믿음은 서로 자매 관계입니다. 독일의 신학자 아힘 폰 아르님Achim von Arnim은 희망, 사랑, 믿음을 '가장 아름다운 세 자매'라고 했습니다. 믿고 사랑할 줄 모르는 사람은 스스로 초월할 수 없는 사람이며, 그런 사람은 희망할 줄도 모릅니다. 오늘날은 모두가 각자의 자아 안에 갇혀 있습니다. 자아 안에 갇힌 사람은 희망할 수 없습니다. 희망하는 사람은 자기 자신을 넘어서는 사람

+ Jürgen Moltmann, *Theologie der Hoffnung*(Gütersloher Verlagshaus, 1997). 《희망의 신학》(대한기독교서회, 2017).

입니다. 가브리엘 마르셀은 "우리를 위해 당신을 희망합니다"라는 말로, 자아를 넘어 '우리'와 '공동체'로 도약하는 희망의 차원을 강조했습니다.

그리스도적 희망은 비활동적인 수동성으로 이끌리지 않습니다. 오히려 행동의 환상을 자극하고 낡은 것을 깨고 새로운 것에 스스로 적응하는 과정에서 '창발력'을 각성함으로써 우리로 하여금 행동하게 만듭니다. 또한 세상으로부터 도피하지 않고, 오히려 미래를 바라보거나 미래의 가능성을 봅니다. 정적주의[+]적인 위축이 아니라 '불안한 마음cor inquietum'이 희망의 본질입니다. 희망은 혁명의 정신을 불러일으킵니다. 몰트만을 다시 인용하겠습니다. "이런 의미에서 기독교에서 말하는 희망은 그것의 영향을 받은 사회의 정신사에서 항상 혁명적인 영향을 미쳤다." 희망의 정신에는 행동하겠다는 결의가 내재되어 있습니다. 희망하는 사람은 새로운 것(궁극적인 새로움), 가능한 것, 아직 태어나지 않은 것, 아직 존재하지 않은 것에서 영감을 받습니다. 희망은 더 나은 삶을 향하

[+]   인간의 능동적인 의지를 최대한 억제하고 권위적인 신의 힘에 전적으로 의지하려는 수동적 사상을 말한다.

152

여 도약합니다. 따라서 가브리엘 마르셀은 이렇게 말했습니다. "희망은 도약이다. 울타리 안에 사로잡힌 상태에서 도약할 수 없다."

비평가들은 제가 갑자기 희망에 관해 이야기하니 놀랐을 것입니다. 저는 항상 비관주의적이라는 비난을 받아 왔기 때문입니다. 하지만 실제 제 생각은 희망적입니다. 희망하는 사람만이 사유할 수 있습니다. 물론 희망의 사유는 낙관주의와는 아무런 관련이 없긴 합니다.

희망과 달리 낙관주의에는 부정적인 면이 없습니다. 낙관주의자는 의심도 절망도 모릅니다. 그러나 저는 이 사회에서 절망을 느낍니다. 그러니 저는 희망을 가진 사람이라고 봐야지요. 순수한 긍정은 낙관주의의 본질입니다. 낙관주의자는 어떤 것이 좋은 쪽이거나 좋은 쪽으로 갈 것이라고 확신합니다. 그런 사람에게 시간은 닫혀 있습니다. 닫혀 있지 않은 가능성의 공간, 창조의 공간인 미래는 그런 사람에게는 없습니다. 아무 일도 일어나면 안 되기 때문입니다. 낙관주의자는 미래를, 마치 오래전에 이미 결론이 난 무엇인가로 생각합니다. 그러나 미래는 손안에 두고 처리할 수 있는 것이 아니며, 먼 곳에 있다는 특징이 있습니다. 낙관주의자는 결코 먼 곳을 바라보지 않습니다. 그들은 예상치 못한 일이나 예측 불가능한 일을 기대하지 않습니다.

무엇보다 낙관주의자는 사물이 내제되어 있고 사물의 진화를 결정하는 사회구조에 의문을 제기하지 않습니다. 그들은 각자가 처한 사회적 체계에 희망 없이 종속되어서 본인이 그렇게 살아가고 있다는 사실을 인식조차 하지 못하고 있습니다. 그들은 근본적인 비판을 할 수 없습니다. 그러나 희망하는 사람은 비판할 수 있습니다. 낙관주의자들은 비판할 능력이 없습니다. 따라서 저는 낙관주의자가 아닙니다. 저는 희망하는 사람입니다. 오늘날 우리에게 필요한 것은 낙관주의가 아니라 새로운 것, 부정적 측면과 비판으로부터 새로이 태어나는 완전히 다른 삶의 형태를 향한 강렬한 희망입니다.

부족한 것이 없고 어떠한 곳을 향해 다가서지도 않는 낙관주의와는 반대로, 희망은 무언가를 찾는 움직임을 시도합니다. 희망은 방향을 찾으려는, 방향을 잡으려는 시도입니다. 그 과정에서 희망은 기존의 것, 이미 태어난 것을 넘어, 아직 알려지지 않은 것, 아직 시도되지 않은 것, 열린 것을 향하여 나아갑니다. 희망은 아직 태어나지 않은 것에 손을 뻗습니다. 새로운 것을 향하여 발을 뗍니다.

낙관주의는 달성되는 것이 아닙니다. 오히려 낙관주의는 마치 사람의 키나 변하지 않는 신체적 특성처럼 매우 자연스럽고 의심의 여지없이 거기에 존재하는 것입니다. 낙관주의는 마치 갤리선[+]의 죄수가 노를 젓듯, 자신이 가진 명랑함에 예속되어 있습니다. 낙관주의자에게는 자신의 태도에 대한 근거가 필요 없습니다. 반면에 희망은 달성해야 하는 것입니다. 각성되어야 하는 것입니다. 종종 일부러 소환하고, 또 구체적으로 갈망해야 합니다. 마음대로 처리할 수 없다는 것이 바로 희망의 속성입니다. 결의가 없는 낙관주의자와 달리, 능동적 희망은 참여를 전제합니다. 낙관주의 또는 낙관주의자는 행동하지 않습니다. 행동에는 리스크가 동반되기 때문입니다. 낙관주의는 그 어떤 부정적인 것도 감당하려 하지 않습니다.

[+] 그리스 로마 시대의 군용선. 주로 죄수를 동원하여 강제로 노를 젓게 했다.

조금만 기다려주세요, 이제 결론입니다. 더 좋은 내용이 있습니다.

비관주의자는 본질적으로 낙관주의자와 다르지 않습니다. 비관주의자는 낙관주의자가 거울에 반사된 형상입니다. 비관주의자에게도 시간은 닫혀 있습니다. 심지어 '감옥 같은 시간'에 갇혀 있습니다. 비관주의자는 새로이 하는 데에 힘을 쏟거나 가능한 세계에 참여하는 대신, 모든 길을 완전히 거부합니다. 이들은 낙관주의자만큼이나 완고합니다. 낙관주의자와 비관주의자는 모두 가능성을 보지 못합니다. 이들은 사물의 흐름이 놀랍게 전환될 수 있다는 가능성을 알지 못합니다. 이들은 새로운 것을 상상하지도 못하고 가능한 것을 향한 열정도 품지 못합니다. 반면 희망하는 사람은 '나쁘게 존재하는 것'을 뛰어넘을 수 있다는 가능성에 기댑니다. 희망은 우리가 닫혀 있는 감옥 같은 시간을 탈출할 수 있게 합니다.

우리는 희망을 '긍정적 사고'나 '긍정심리학'과 구분해야 합니다. 이들은 고통의 심리학에서 벗어나 오로지 편안하고 행복하고 낙관주의적인 것에만 관심을 둡니다. 긍정심리학에서는 부정적 생각을 즉각 긍정적 사고로 대체해서 행복을 늘리려 합니다. 삶의 부정적 측면은 완전히 무시됩니다. 긍정적 사고만 가지고 있으면 세상은 어떤 것이든 다 살 수 있는 대형 백화점이나 아마존 쇼핑몰 같은 곳인 양 묘사됩니다. 모든 사람은 자기 행복에 대해 혼자서 모든 책임을 집니다. 긍정성에 대한 숭배는 뭔가 일이 잘 안 된 사람들이 그 원인과 자신의 고통을 사회로 돌리거나 그 책임을 전가하는 대신, 자기 자신을 비난하게 만듭니다. 고통은 항상 사회적으로 매개되는 것임에도 불구하고 말입니다. 그러나 긍정심리학은 이를 심리적인 것으로 만들고 사적인 것으로 제한시켜버립니다.

긍정성의 숭배는 사람들을 고립시키고 이기적으로 만들고 공감하지 못하게 합니다. 타자의 고통에 무관심하게 만들기 때문입니다. 모든 사람이 오직 자기 자신, 자기의 행복, 자기의 편안함에만 관심을 두게 하기 때문입니다. 신자유주의 체제하의 긍정성 숭배는 사회를 탈연대화합니다. 긍정적 사고와 달리, 희망은 삶의 부정적 측면을 외면하지 않습니다. 희망은 부정적 측면을 오히려 기억합니다. 또한 희망은 사람들을 고립시키지 않고 한데 모이게 하며 화해하도록 합니다. 따라서 희망의 주체는 '우리'입니다.

저의 책 《희망의 정신Der Geist der Hoffnung》[+]은 2024년에 출간되었습니다. 이번 책을 낼 때 저는 저명한 예술가 안젤름 키퍼Anselm Kiefer에게 편지를 써서 제 책을 위한 사진을 제공해줄 수 있는지 물었고, 그에게서 이메일 하나를 받았습니다. "지금 DHL 소포가 하나 가고 있습니다." 결국 거대한 소포 하나를 받았는데요. 그의 사진이었습니다. 사진 뒷면에는 연필로 "그럼요, 제 사진을 드리고 싶습니다"라고 쓰여 있었습니다. 저는 그에 대한 답신으로 소포와 함께 "다음 회신은 지게차로 보내주실 건가요?"라고 써서 보냈습니다. 이는 이메일, 전자메일의 해독제이자 반의어입니다. 그와의 소통은 정말 즐거웠습니다. 저는 DHL을 좋아하진 않지만, 운송회사를 통한 커뮤니케이션과 자필로 적힌 무언가를 주고받는 것은 즐거웠습니다. 이러한 의사소통이 얼마나 진정성 있는 것인지를 생각해보면 참 놀랍습니다.

《희망의 정신》의 부제는 '불안사회에 대항하여'입니다. 희망과 불안은 서로 반대되는 개념입니다. 불안은 마치

[+]   한국에는 《불안사회》라는 제목으로 출간되었지만, 여기서는 원제 그대로 《희망의 정신》으로 표기한다.

유령과도 같습니다. 팬데믹, 세계대전, 우크라이나 사태, 기후변화와 같은 세기말적인 시나리오를 계속해서 마주합니다. 사람들은 세상의 종말 또는 인류 문명의 종식에 관해 점점 더 많이 이야기합니다. 현재, 소위 지구종말시계Doomsday Clock*는 자정으로부터 고작 90초 전을 가리키고 있다고 합니다. 이렇게 자정이 가까웠던 적이 없었습니다. 종말론이 유행합니다. 상품으로도 팔립니다. 종말론이 팔리는 것입니다. 현실에서뿐 아니라 문학과 영화에서도 종말론적 분위기가 지배적입니다. 미국의 소설가 돈 드릴로Don DeLillo는 《침묵》에서 완전한 블랙아웃을 이야기했습니다. 이 소설에서도 기온과 해수면이 상승합니다. 기후 소설이 이제 새로운 문학 장르로 자리 잡았습니다. T. C. 보일T. C. Boyles의 소설 《지구의 친구 A Friend of the Earth》는 종말론 수준의 기후변화를 이야기합니다.

오늘날 우리는 불안에 찬 눈으로 삭막한 미래를 곁눈질합니다. 어딜 보아도 희망이 없습니다. 하나의 위기에서

---

*　자정을 인류 파멸의 순간으로 가정하고 그것이 어느 정도 다가왔는지를 알려주는 시계. 1947년 핵물리학자들에 의해 창안되었다.

다음 위기로, 하나의 문제에서 다음 문제로, 하나의 재앙에서 다음 재앙으로 이동합니다. 그러면서 삶은 문제해결과 위기관리로 축소됩니다. 생존의 삶으로 전락합니다. 불안의 제단 위에 삶이 올려집니다. 짧은 호흡으로 연명하는 생존사회는 고통이 빨리 멈췄으면 하는 가녀린 소망만으로 살아가는 병자와도 같습니다. 희망이 있어야 비로소 생존 이상의 삶을 살 수 있습니다. 희망은 삶에 다시 활력을 일으키고 날개를 달아주며 영감을 불어넣습니다. 의미 있는 삶의 지평을 넓혀줍니다. 희망만이 미래를 가져다줍니다.

만연한 불안의 분위기는 희망의 씨앗을 질식시킵니다. 불안사회에는 우울한 분위기가 퍼집니다. 불안과 적대감은 사람들을 우파 포퓰리즘으로 인도합니다. 이기심과 혐오를 부추깁니다. 연대와 친절과 공감은 서서히 붕괴됩니다. 증가하는 불안과 커져가는 적대감은 사회 전체를 난폭하게 만듭니다. 한국 사회는 완전히 난폭해졌습니다. 혐오 발언 역시 불안의 산물입니다. 불안은 궁극적으로 민주주의를 위협합니다. 버락 오바마Barack Obama 미국 전 대통령은 퇴임 연설에서 이렇게 말했습니다. "민주주의는 불안에 굴복하면 무너질 수밖에 없습니다." 도

자아 안에 갇힌 사람은
희망할 수 없습니다.
희망하는 사람은 자기 자신을
넘어서는 사람입니다.
희망은 혁명의 정신을
불러일으킵니다.

널드 트럼프Donald J. Trump 미국 전 대통령이 불안을 부추기고 민주주의를 파괴하는 이유입니다.[+] 그것이 바로 불안이 가진 철학적 근거입니다. 불안과 민주주의는 양립할 수 없습니다. 민주주의는 화해와 대화의 분위기에서만 번영할 수 있습니다. 반면에 불안은 사회를 분열시키고 권위주의 체제를 조장합니다. 정말 그렇지 않습니까? 미국에서 지금 그 일이 일어나고 있습니다. 불안 때문에 어떻게 민주주의가 파괴되는지 두 눈으로 보고 있습니다. 트럼프, 그 악마가 불안을 조장하고 있습니다.

불안은 잘 알려진 바와 같이 권력의 도구로 널리 사용됩니다. 사람들을 순종하게 하고 협박에 취약하게 만들기 때문입니다. 우리는 성과사회에서 충분한 성과를 내지 못할 수도 있다는 불안을 가지고 있습니다. 오늘날에는 사유하는 데 대한 불안, 자신만의 생각을 갖는 데 대한 불안, 심지어 자유를 갖는 것에 대한 불안까지 가지고 있습니다. 이제 우리는 사유할 용기를 잃어가고 있습니다. 대세순응주의가 확산됩니다. 대세순응주의는 불안의 산물입니다. 다들 좋은 것으로 생각하는 창의성도

[+] 2024년 11월, 미국의 제47대 대통령에 재선되었다.

근본적으로 다른 것이 발생하는 것을 방해합니다. 창의성은 생산성을 높이는 역할을 합니다. 진정으로 다른 것, 근본적으로 완전히 새로운 것은 생산성과 창의성의 논리가 적용되지 않습니다. 그러한 것들은 생산성의 로직에 반대되기 때문입니다. 불안이 지배적인 곳에 자유란 없습니다. 불안은 사회 전체를 감옥, 심지어 격리소로 만들어버릴 수 있습니다. 불안은 단순히 경고 표지판을 세울 뿐, 결국 방향을 찾지 못하게 해 우리를 혼란스럽게 만듭니다. 반면에 희망은 이정표를 세우고 길잡이가 되어줍니다. 희망은 의미와 방향성을 제시합니다.

우리는 오늘날 바이러스와의 전쟁에 대한 불안뿐 아니라 소위 '기후 불안'에도 휩싸여 있습니다. 기후활동가들은 스스로도 인정하듯 '미래에 대한 불안'을 가지고 있습니다. 기후 불안 자체는 의심의 여지없이 정당한 불안입니다. 기후 불안을 완전히 거부할 수는 없을 것입니다. 하지만 제가 걱정하는 것은 불안의 기후입니다. 문제는 팬데믹에 대한 불안이 아니라 불안의 팬데믹입니다. 불안에 기반을 둔 운동은 결코 지속 가능한 운동이 될 수 없습니다. 행위에는 의미의 지평이 필요합니다. 그 행위를 설명할 수 있어야 합니다. 희망은 설득력이 있습니다.

희망은 그 자체로 이야기를 합니다. 반면에 불안은 말할 수 없고 이야기로 풀어낼 수 없습니다.

독일어 '앙스트Angst'는 '불안'을 의미합니다. 불안은 원래 좁은 곳을 의미합니다. 불안은 확장 가능한 모든 폭과 관점을 질식시키며 시야를 좁히고 차단시킵니다. 불안한 사람은 궁지에 몰린 느낌을 받습니다. 불안은 무언가에 사로잡혀 있거나 사방이 무언가로 둘러싸여 있다는 느낌을 수반합니다. 불안한 사람에게 세상은 감옥으로 보입니다. 열린 공간으로 인도하는 문은 전부 닫혀 있습니다. 불안은 가능한 것에 대한 접근을 차단하여 미래로 나아가지 못하게 합니다.

희망은 언어적으로도 불안의 반대말입니다. 문헌학자 프리드리히 클루게Friedrich Kluge가 출간한 《독일어 어원사전Etymologisches Wörterbuch der Deutschen Sprache》에서는 '희망하다hoffen'를 "앞으로 몸을 굽힘으로써 더 멀리 더 정확히 보려고 하는 것"이라고 말합니다. '희망Hoffnung'은 '먼 곳을 바라보고 미래를 내다보는 것'입니다. 희망에 대한 가장 정확한 정의입니다. 희망은 앞으로 도래할 것, 가능한 것에 대한 눈을 열어줍니다.

독일어 단어 중에 '페르호펜verhoffen'이라는 동사가 있습니다. '기다리다'라는 뜻입니다. 정말 멋진 단어입니다. 이 동사의 기원에는 기본적으로 희망한다는 뜻이 포함되어 있습니다. 사냥과 관련해서 쓰이는 단어인데, '서서 귀를 기울여 소리를 듣고 낌새를 읽는다'는 뜻입니다. 이게 바로 희망 아니겠습니까? 독일어는 철학과 자연스럽게 닮아 있습니다. 하지만 독일의 대학과 철학연구소에서는 학생들이 영어로 말하고 쓰도록 되어 있습니다. 테오도르 아도르노가 말했듯, 학생들은 독일어가 철학과 자연스럽게 닮아 있다는 사실을 의식적으로 망각하는 듯합니다. 저는 철학과 가까운 이 언어를 배우는 데에 많은 노력을 기울였습니다. 독일어가 아니었더라면 저는 사유하는 게 아예 불가능했을지 모릅니다. 이것이 바로 독일에서 그렇게 많은 사상가가 배출된 이유입니다.

가장 깊은 내면의 희망은 눈을 뜹니다. 다른 언어로는 번역이 불가능한 독일어 표현이 있는데요, '데어 레보크 페르호프트Der Rehbock verhofft'[+]입니다. 번역가들에게는

[+]   직역하면, '노루가 오감을 통해 외부의 정보를 캐치하여 방향을 잡으려 하다'.

미안합니다. 이건 번역 못 하실 겁니다. 데어 레보크 페르호프트. 노루가 귀 기울이고 낌새를 읽어 방향을 잡는다는 것이죠. 희망하는 사람도 낌새를 잘 읽고 방향을 찾으려고 노력합니다. 이러한 희망하기의 기술을 배워야 합니다.

절망과 희망은 계곡과 산처럼 연결되어 있습니다. 절망이 지닌 부정적 특성은 희망에 새겨져 있습니다. 희망하는 사람은 담대하게 행동하며 삶의 갑작스러움과 힘듦에 굴하지 않습니다. 희망에는 무언가 관조적인 것이 있습니다. 희망은 앞으로 몸을 숙여 귀를 기울이기 때문입니다. 희망이 가진 이러한 수용성은 희망을 섬세하게 만들고 아름다움과 우아함을 갖게 합니다. 많은 이들이 오해하듯 희망이 맹목적이라면, 그건 희망이 환상을 먹고 자라기 때문이 아니라 아직 잘 모르는 보물, 앞으로 도래할 미래를 향해 나아가기 때문일 겁니다. 이러한 '아직-아님'은 희망이 가진 시간의 양식입니다.

오늘날 편재하는 불안은 영구적인 재앙에 기반을 둔 것이 아닙니다. 우리는 무엇보다도 구조적인 문제 때문에 일어나는, 그래서 구체적인 사건까지는 추적할 수가 없는 불안에 고통받습니다. 이러한 불안이 확산되고 있습니다. 신자유주의 체제는 불안의 체제입니다. 사람들을 각자 스스로의 기업가로 만듦으로써 고립시킵니다. 총체적인 경쟁과 늘어가는 성과 압박이 공동체를 침식시키고 붕괴시킵니다. 고립은 불안을 낳습니다. 자기 자신과의 관계도 불안으로 점철됩니다. 실패에 대한 불안, 스스로의 기준을 충족시키지 못할 거란 불안, 따라잡을 수 없을 거라는 불안, 도태될 것에 대한 불안입니다. 생산성을 높이는 것은 바로 이런 만연한 불안입니다.

자유롭다는 것은 곧 현실의 압박으로부터 자유롭다는 것입니다. 신자유주의 체제하에서는 자유조차도 강박을 낳습니다. 이 강박은 외부에서 오는 게 아니라 내부에서 비롯됩니다. 성과와 최적화에 대한 강박은 자유에 대한 강박이기도 합니다. 자유와 강박이 함께 흐릅니다. 우리는 창의적이어야 한다는 강박, 효율적이어야 한다는 강박, 특별해야 한다는 강박에 자발적으로 복종합니다. 자기창조, 즉 창의적인 자기실현은 강박적 성격을 가지고 있습니다. 창의성 수업에 온 학생들은 다들 우울증에 걸린 것 같지 않으요? 우리는 자기실현을 하고 있다는 착각과 창의적이라는 착각 속에서 스스로를 죽을 때까지 최적화하고 착취합니다. 이러한 내부적 강박은 불안을 더욱 강화시키고 종국에는 우리를 우울하게 만듭니다. 제가 베를린예술대학교에서 교수로 재직할 때 몇몇 학생들이 작업실에서 목을 매는 일이 있어서 가슴이 찢어졌습니다. 정말 슬픈 일입니다. 그들 중 다수가 우울증을 앓았습니다. 치유되어야 할 공간인 예술을 하는 곳에서조차 그렇습니다.

디지털 커뮤니케이션도 사람들의 고립을 심화합니다. 소셜미디어는 모순적이게도 '소셜'을 해체합니다. 네트워킹은 어느 때보다 잘 되어 있지만 우리는 연결되어 있지 않습니다. 타자와의 접촉이 없기 때문입니다. 우리는 비접촉 사회를 살아가고 있습니다. 오늘날 갈수록 증가하는 '접촉contact'은 진정한 타자와의 접촉이 아닙니다. 타자가 '당신'에서 '그것'으로, 즉 나의 필요를 충족시켜주는 소비의 대상으로 전락해버리는 곳에서는 타자와의 관계가 근본적으로 위축됩니다. 나의 모습을 비추는 용도로 존재하는 타자는 자신의 타자성을 상실합니다. 강해지는 나르시시즘은 연결과 접촉의 부재로 이어지고 불안을 증가시킵니다.

불안은 사람들을 고립시킵니다. 그래서 '함께 불안해하기'란 말은 없습니다. 불안은 공동체와 '우리'를 만들어낼 수 없습니다. 불안 안에서 모두가 각자 고립됩니다. 반면에 희망에는 '우리'의 차원이 존재합니다. 가브리엘 마르셀이 말한 것처럼, **희망한다는 것**은 '희망을 확장'하고 '희망의 불꽃을 퍼뜨리는 것'을 의미합니다. 희망은 혁명의 누룩, 새로운 것의 발효제, 즉 **비타 노바**vita nova[+]**의 시작점**입니다. 불안의 혁명이라는 것은 없습니다. 불안은 모두를 복종하게 만들기 때문입니다. 불안한 사람은 지배자에게 복종합니다. 다른 세상, 더 나은 세상을 바라는 것만으로도 혁명의 잠재력이 자라납니다. 오늘날 혁명이 가능하지 않다면, 그것은 희망하지 못하기 때문이며, 불안 속에 살고 있기 때문이며, 살아남기의 삶으로 축소되었기 때문입니다.

저는 《희망의 정신》에서 하이데거의 불안의 현상학과 희망의 현상학을 대조하여 설명했습니다. 불안은 하이데거의 《존재와 시간》에서 말하는 주요 개념입니다. 하이데거에게 있어 불안은 궁극적으로 죽음에 대한 불안입니

[+]   라틴어로 '새로운 삶'이란 뜻이다.

다. 죽음에 대한 지향성은 아직 존재하지 않는 것, 아직 태어나지 않은 것, 아직 도래하지 않은 것에 대하여 사람들을 눈멀게 합니다. 그러나 희망으로부터 영감을 받는 생각은 죽음으로 향하지 않고 탄생을 향해 있으며, 죽음으로 끝나는 하이데거의 '세계 안에서 존재하기In-der-Welt-sein'를 향하지 않고 '세계로 들어가기In-die-Welt-kommen'를 지향합니다. 여기서 저는 희망의 공식을 찾아냈습니다. 하이데거와 반대로, 세계로 나아가는 것에 관한 것입니다. 희망은 죽음 너머에 존재합니다. 하이데거의 유명한 말인 '죽음에의 선구Vorlaufen zum Tode'[+]가 아니라 새로운 탄생을 기다리는 것이 바로 희망을 결정합니다. 세상으로 나아가는 것이 희망의 기본 공식입니다.

우울증은 희망을 완전히 잃은 상태를 병리학적으로 표현한 말입니다. 지쳐 소진된 미래가 바로 우울이 가진 시간성입니다. 우울하고 고갈된 시간은 축제의 시간, 고양된 시간과 정반대의 시간입니다. 우울한 시간에는 활력을 주고 날개를 달아주고 영감을 불어넣는 미래가 없습

[+]　죽음으로 앞서 달려간다는 뜻. 자신의 죽음을 미리 앞당겨 생각하고 이를 통해 더 나은 삶으로 나아가는 태도를 말한다.

니다. 즉 '아브니르'로서의 미래가 없습니다. 우울증은 탈출이 불가능한 감옥처럼 느끼게 합니다. 희망은 우리를 우울과 지친 미래로부터 자유롭게 해주는 도약이자 열정입니다.

희망은 완전한 상실, 총체적 절망을 겪었을 때 그 눈을 뜹니다. 이러한 부정성이 바로 희망과 낙관주의를 가르는 요소입니다. 희망은 깊은 곳에서 피어나는 행복이 그러하듯, 깨진 상태에서만 가능합니다. '그럼에도 불구하고'가 희망이 가진 내재적 특성입니다. 희망은 절대적인 재앙에도 불구하고 피어날 수 있습니다. 희망의 별은 나쁜 별(라틴어로 '데스-아스트룸des-astrum'), 즉 재앙에 접해 있습니다. 재앙과 '그럼에도 불구하고'가 가진 부정성이 없다면, 남는 것은 그저 낙관주의의 진부함뿐입니다. 저는 잉게보르크 바흐만Ingeborg Bachmann을 좋아하는데요. 그는 희망의 부정성을 절대적인 '그럼에도 불구하고'로 응축하였습니다.

잉게보르크 바흐만은 희망을 삶의 가능성을 만드는 필수 조건이라고 말했습니다. 희망은 **인간의 조건**conditio humana을 가장 탁월하게 표현합니다. 우리의 행동을 이

끌고 의미와 지지할 곳을 제공하는 것이 바로 희망입니다. 사람은 희망하는 한 살아갈 수 있습니다. 바흐만은 희망의 역설적이고도 아포리아적인 성격을 항상 강조했습니다. 그가 인터뷰에서 한 말을 인용해드리겠습니다.

〈보헤미아는 바닷가에 있다Böhmen liegt am Meer〉는 제가 항상 품고 있는 시입니다. 아마 많은 사람들에게 와닿는 시일 것입니다. 왜냐하면 그곳은 결코 도달할 수 없는 희망의 땅이지만, '그럼에도 불구하고' 희망하지 않으면 살아갈 수 없기에 반드시 희망하여야만 하는 땅이기 때문입니다. … 그 땅은 유토피아, 즉 존재하지 않는 땅입니다. 우리가 잘 알고 있듯이 보헤미아에는 바다가 없지만, 동시에 바다가 있습니다. … 이 말은 곧, 그 땅은 잃어버릴 수가 없는 땅이라는 뜻입니다. … 그러므로 희망하지 않는 사람, 살아 숨 쉬지 않는 사람, 사랑하지 않는 사람, 이 땅에 대한 희망이 없는 사람, 바닷가의 보헤미아를 희망하지 않는 사람은 저에게 있어 사람이라고 할 수 없습니다.

'불가능함'과 '그럼에도 불구하고'라는 믿음의 행위 사이의 긴장은 미래를 열고, 언어를 유지시키고, 살아감을 가능하게 합니다. 저는 《희망의 정신》을 파울 첼란의 시 〈스트렛토Engführung〉로 시작했습니다. 오늘도 그 시의 한 구절로 마무리하고 싶습니다.

별은
여전히 빛난다
아무것도
아무것도 잃어버리지 않았다[+]

경청해주셔서 감사합니다.

[+]   Paul Celan, *Paul Celan: Gesammelte Werke. Volume 1.*(Suhr-kamp Verlag, 1983).《파울 첼란 전집 1》(문학동네, 2020).

17 : 07 : 30

17 : 08 : 08

17 : 09 : 16

옮긴이의 말

《생각의 음조》는 2024년 스페인에서 처음 출간되었습니다. 철학자 한병철은 포르투와 리스본, 라이프치히에서 세 번의 강연을 진행하며 독일어로 원고를 집필했고, 이를 스페인어로 옮겨 출간한 것입니다. 한국어판, 그러니까 독자 여러분이 읽고 있는 이 책은 한병철이 직접 집필한 독일어 원고를 저본으로 삼아 우리말로 옮겼습니다(독일어 원고는 제가 옮겼고 디플롯 편집부에서 스페인어 출간본과 세심하게 비교하며 다듬었습니다). 이는 '한병철의 목소리'를 가장 온전하게 담아내기 위한 최선의 선택이었습니다.

이 책에는 철학자 한병철의 언어와 생각의 음조가 생생하게 담겨 있습니다. 그의 대표작이라고 할 수 있는《피로사회》에서부터 《에로스의 종말》《땅의 예찬》 그리고 최근에 출간된 《관조하는 삶》《희망의 정신》[+] 까지 아우르며 그동안 그가 펼쳐냈던 사유의 정수를, 이번에는 '한병철의 목소리'로 들려줍니다.

1부 '생각의 음조'에서 그는 피아노와의 인연을 소개합니다. 그가 두 대의 그랜드피아노를 즐겨 연주한다는 사실은 이미 알려진 사실입니다. 그러한 피아노와의 인연이 어느 날 갑자기 시작되었고 그것을 날개 삼아 사유한다는 이야기는 '그랜드피아노'와 '날개'가 독일어로 같은 단어임을 생각할 때 일견 신비롭게 느껴지기도 합니다. '날개'는 동시에 검은 광 나는 기도용 염주이기도 했다고 합니다. 그를 날아오르게도, 수련하게도 만드는 모순은 그의 생각의 음조를 이룹니다. 그는 자신의 저작늘을 〈골드베르크 변주곡〉의 아리아에 빗대기도 하고, 〈사라방드〉〈시인의 사랑〉 등 다양한 곡과 연결 짓기도 하며 풀어냅니다. 음악이라는 은유를 통해 그가 사유하는 방식을 설명할 때 우리는 그 어떤 백 마디 말보다 더 빠르게, 더 직관적으로 한병철의 '생각의 음조'를 이해할 수 있습니다.

[+]   한국에는 《불안사회》라는 제목으로 출간되었다.

2부 '에로스의 종말'에서는 꽃을 중심으로 이야기를 시작합니다. 꽃에 둘러싸인 그의 안락한 방, 그리고 먼 타국에서 만난 플로레스 호텔 이야기는 우리가 일상에서 과연 얼마만큼이나 '꽃향기'를 찾아 맡으며 살고 있는지 돌이켜보게 합니다. 계속되는 강연에서, 접촉 없는 사회에 대한 그의 경종은 삭막한 '타자의 결핍'에 대한 더 깊은 성찰로 우리를 이끕니다. 타자 없이 '자기참조'에 갇힌 자기애적 성과 주체인 우리는 외로운 성공 우울증에 빠지곤 합니다. 반면에 그가 말하는 '에로스'는 타자를 고유의 타자성 안에서 경험하게 하며 자기애적 지옥에서 빠져나오게 합니다. 우리는 타자를 내 눈 안의 거울을 통해서가 아닌, 진정으로 존중하고 사랑하는 '에로스'적 시선으로 바라보고 있을까요? 꽃과 연관된 감각과 열정은 진정한 사랑, 진정한 자유, 진정한 타자와의 관계에 대해 다시금 성찰하게 합니다.

3부 '희망의 정신'은 앞서 언급한 피아노와 꽃을 다시 거론하며 축제와 희망의 개념으로까지 나아갑니다. 축제 없는 현대 사회, 노예이자 가축이 되어버린 신성이 부재한 지옥에서 우리는 '고양된 시간'과 '초월의 시간'을 보내지 못하고 있습니다. 축제 없는 시간은 곧 희망 없는 시간으로, 그러한 시간은 앞을 향해 나아가지 못하고 기존의 것, 뒤의 것만을 향해 있습니다. 그가 말하는 '희망의 정신'은 무언가를 단순히 바라는 차원을 넘어, 바츨라프 하벨의 말처럼, '저 너머'의 궁극적인 새로움을 '그럼에도 불구하고'의 정신으로 추구하는 것입니다. 그는 이를 하이데거의 불안의 현상학과 함께 설명합니다.

이 책의 즐거움은 무엇보다, 예컨대 하이데거의 철학 이야기뿐 아니라, 바흐의 〈골드베르크 변주곡〉으로 피아노를, 바흐의 〈샤콘느〉로 바이올린을, 하이데거의 《존재와 시간》으로 독일어를 처음 배웠다는 저자의 개인적인 이야기를 함께 들을 수 있다는 점입니다. 그동안 조각조각 접해온 음악과 꽃에 대한 그의 사랑, 그리고 그의 철학이 변주곡처럼 하나의 그림을 민드는 듯합니다. 독자들도 한병철의 철학적 사유를 이해하는 것에 더해, 언어와 생각, 세상을 향해 가지고 있는 그만의 음조, 그리고 그의 아리아가 무엇인지 느껴보는 특별한 시간이 되기를 바랍니다.

2024년 11월
옮긴이 최지수

한병철 콘퍼런스 동영상

생각의 음조
라이프치히, 2023년 4월 23일

에로스의 종말
포르투, 2023년 4월 11일

희망의 정신
리스본, 2023년 4월 13일

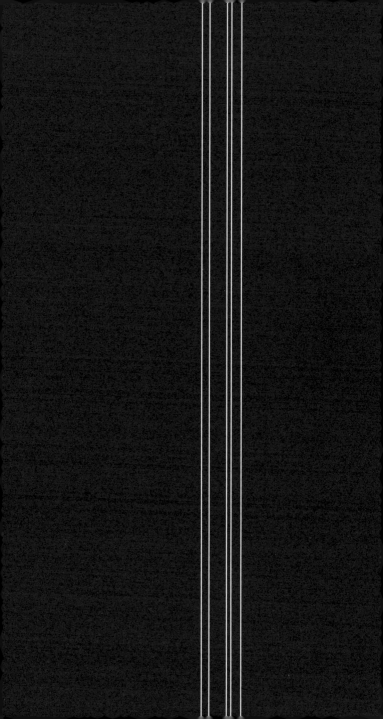

생각의 음조

한병철 콘퍼런스
트릴로지 1

1판 1쇄 찍음 2024년 11월 11일
1판 1쇄 펴냄 2024년 11월 27일

지은이   한병철
옮긴이   최지수
펴낸이   김정호

주간   김진형
편집   김진형 유승재
디자인   박연미

펴낸곳   디플롯
출판등록 2021년 2월 19일(제2021-000020호)
주소   10881 경기도 파주시 회동길 445-3 2층
전화   031-955-9503(편집)·031-955-9514(주문)
팩스   031-955-9519
이메일   dplot@acanet.co.kr
페이스북 facebook.com/dplotpress
인스타그램 instagram.com/dplotpress

ISBN   979-11-93591-25-3 04100
          979-11-93591-26-0 (세트)